Love For The Abstract

A collection of poems about feelings

Dr Himannshu Srivastava

/ BookLeaf
Publishing

India | USA | UK

Made with ❤ on the BookLeaf Publishing Platform
www.bookleafpub.in
www.bookleafpub.com

Dedication

These poems are for those souls,who are very bright.Yet they fail to express themselves in front of the other so called cunning counterparts..They are too intuitive,deep and graceful,yet not so much liked by this materialistic world...

These poems are for you my friends...

Preface

We all are a part of this materialistic world,where each one of us has priorities in life.The love for the abstract is an attempt to draw a connection between the abstract feelings like love, thanks and others to our soul..Once we start feeling the emotional tide,we become enlightened... An attempt is made by the author to give words to the feelings,that we can not touch or feel..A deep intriguing journey....

Acknowledgements

I strongly acknowledge this work to my inner voice,that guided me to complete this work..A million of other souls,who can understand the sound of emotions ,are also covered here.The thought process,that helped me to give proper words to each creation,is also acknowledged..

1. Hope

The day after night
is usually very bright.
The hope is high and the energy low
the emotions at their best,
in an easy flow.
The slumber that wakes us up
is not so very good
Cuckoo bird and woodpecker rumbles
the creeky silence of the wood
Our life is similar to the silence
quiet and dark
But the ray of hope in our heart
keeps lighting the spark
Be bold,be what you are,
is the message for you
crossing the thickets through odds
is the mantra to cross through
Move on from the people who don't know
who you are and what is your worth

How the life flow.........

2. Peace in life

We really don't know, how vital is the peace
As the history is incomplete without ancient Greece
No use to quarrel ,no use to make noise
keep your posture silent, healthy and poise
Singing the song of life in rhythm is peace
Living the life to its full is peace
If you have some better ways to thank,it is peace
If you have a better way to think, it is peace
Doing things for others and hoping none is peace
Satisfied with what ever you have,
again is your peace
Peace is whatever your inner soul says
Peace is what the Almighty prays
Do not be in pieces to attain the peace of mind
Always be alert in life and do not be blind..

3. Love n life

They say that the love is blind ,it once happens,we
cannot see
The time and money in your wallet are no more
there,ready to flee
Love is positive , love is kind
It helps the person's self to find
Love keeps you happy,love makes your day
Promises are made somehow,no parting of way
Eating and drinking together , together will we go
Such becomes the life ,easier is it's flow
But sacred love can be between the siblings too
Against all the odds,that carry us through
Love is pious,love is warm
Love is caring, with no harm
Love is love and nothing more
Holds us tightly and carries to the calm shore.

4. You and me

With every heartbeat, a rhythm divine,
Your laughter, a chorus that sweetly aligns.
In shadows we twirl, lost in time's gentle hold,
Our secrets interlaced, like stories retold.
Stars shimmer above, as dreams take their flight,
In this tender embrace, we conquer the night.
Together we dance, beneath the silvered moonlight,
Whispers of promises, echoing the night.
In your eyes, I find a universe vast,
A beautiful silhouette of future and past
The charisma is in the eyes of one who looks
As transitory as verses in soft, cherished books.
A spark ignites time, as we breathe in the glow,
Each glance, a note played in the symphony flow.
With every heartbeat, an echo so clear,
In the silence between us, it's love that we hear.
Let me trace every line, where your heart meets the sea,
In the race for existence, it's you here with me.
Through whispers of stardust, we carve out our fate,
Two souls intertwined, opens the heaven's gate..

5. Unity amongst all

Heard a hundred times,united we stand and divided we fall

Simply clicks the idea,no enmity amongst all

The sense of togetherness brings the idea of wehood

Think about your people first,ahead they all should

The beauty of relation is, what we are

Bring a smile to other and not a scar

Be good to other and make him think

Change his evilness to wellness,as our eyes blink

No problem remains there,if our unity counts

Bare foot we are,but can still climb mounts

Let's play the card of Gods later,humanity came

Understand the humane society, it's not a game

The world seems so wonderful with,no malice on the way

All faces with smiles,bubbly and gleeful sway...

6. Gratitude

It's better to keep mum,than speak ill
Let the relation flourish,rather that kill
The one who took care of you,through thick and thin
Who helped you to face the storm,to fight,to win
Keep them with you,close to your chest
One who supports you then,is the best
Thank the Almighty for bestowing His grace
For saving the honour,for raising the face
The door that closes for you,may not be the last
He is looking at you from above,quick and fast
If your **KARMA** sounds good, it's fine
As is well said -"A stich in time saves nine.."

7. Thank you

Thank you for everything,that comes in our life
Thank for the elements of air and water, thanks for the
light
Thank for the beautiful world,that we see
Thank for the sweet honey and thank for the bee
The Almighty has given us,this all
You are a human and that is the call
If you owe something,be thankful to it
A warm bed to sleep,a cosy chair to sit
That is the life, a millions dream
And we are throwing it in the trash,like an ice cream
Be thankful and live a life blessed
Enjoy what you own,rather than be stressed

8. Nature

The morning dew and the morning light
Makes our day even more bright
The chirping of birds and roaring of king
It's all the nature,the natural swing
The colours of butterflies,the shades of sky
The humming bird and the giant hawk that fly
The dawn and dusk,the night and day
Keeps me healthy,come what may
The flourishing rivers and the phonic falls
Washes away the melancholy,thus nature calls
So beauty is the nature,so clear the view
Amidst the chaotic traffic,between cries and hue
The forest tempts us,the mountain lures
No medicine required for ailments,mother nature cures

9. Do it now

If you have a kind word to say,say it now
If you have something to give,give it now
If you can make some one glad
Or another less sad
Do it now,do it now, do it now.
Now before it is too late
Now is the time for every good deed
Do not wait until tomorrow..
For it may be just a little too late.
If you have a gesture to make,make it now
If you have virtue to see,see it now
If you can make some annoy and a million to joy
Do it now,do it now,do it now..

10. Forgive me

Forgive me for the dream that I had,that hovered
through out the night
In the mid of my own world where my slumber log was
very light
How beautiful was the world,where I was, amidst the
rosy flowers and the ripened fruits
Mountains high and gorges deep,sky was touched by the
green shoots
Angel came and go,and I was dancing
The scene was perfect,as if it was divine romancing
Everyone was smiling and helping the other soul
As if the welfare of all was,each other's goal
Alas,the dream was just a dream and nothing true
Let me dream about something new..

11. Worries

An old man was crossing the road with a stick
His fumble pace shows that he was sick
The cars were running, the traffic high
The poor soul was standing aloof, eyes sad and dry
His looks were weary,his feelings true
The thoughts took him to memory lanes,forth and
through
His two sons,a daughter and two grand ones
The only treasure he possessed,and now none
Why the fate been so cruel to me,thought the soul
All the feelings and emotions,seaped through the hole
I did so much for them,and what was the gain
Only depression, loneliness with a lot of pain
He,then saw a saint,and went to him
The face was sad,the linings were grim
The saint smiled and said in a voice so deep
Wake up now, it's no time to sleep
Do something for you,only for you now
Leave the desires so worldly, don't know how
Be content with what you have,no worries son

The life will smile at you,you the only one

Work for the God now,who is standing at the door

Go and enjoy your life to it's full,stop thinking

anymore....

12. Silence

Silence is the eternal sound of the universe
The symbol of death,the kid synonym of curse
When someone hurts you,be silent
When someone curse you,be silent
Silent is not a curse, it's a boon
Like in a dark sky,the view of full moon
Silence makes you strong,it makes you wise
No need of any words,nor any advice
When you are silent,the feelings control
The time you get to assess,the situation as a whole
Silence is silver,silence is gold
Happiness hidden, satisfaction in manifold
Silence is the your strength,makes you free
No vices in between,you and me
When you speak harsh,it hurts thee
Draws the barrier between,you and me
Be silent and win over the wooes
Happily now,put on your dancing shoes...

13. Come with me

Oh,my love now you come with me
Come to a land full of happiness
Where there is no evil eye upon us,to keep a vigil night
and day
Where the feelings are respected, nothing ill comes our
way
Where the mighty ego clashes are blocked,the free
swings are there
If you want to do some good,you may do it without fear
Where appreciation comes handy for you,no playing
down
Get the majestic feel every time and never be put down
as a clown
Where sentiments count and humanity gets applaud
there by
The lord who stands here,greets us in the open sky
Me and you together will create a world of own
The moments to rejoice are there and,no time to mourn...

14. Dreams

Everyone of us has some dreams to dream
Which puts him in balance,as icing on cream
We all see ourselves as hero in our own world
Flying freely in the sky as mighty eagle bird
Dreams make us light,dreams make us glow
Freely falls like a cotton ball,sure and slow
The more we dream,the more confident we get
Limit becomes limitless and new goals are set
All our wishes come true in that domain
No loss is there and only gain n gain
Everyone of us should dream some bigger ones
It brings happiness to us,millions of tons
Dreams clear us all of thoughts that hamper our growth
And makes the world clearer of all the dirty froth
Dream makes us good,dream makes us clean
And the world says,"**still sleeping**"...ohh how mean....

15. Rabbit and turtle

Many a times,we have heard this story
Where Rabbit gifted the turtle with the glory
Was that Rabbit really foolish or what
Once in my mind,came this thought
I went to the Rabbit and asked him about that
But no one was ready to speak,who will bell the cat
Then came a wiser rabbit,an older one
And when he spoke,all listened and muttered none
The Rabbit said,"we have learnt a lesson from our father."
Go slower,if not fast,and don't sleep rather
Make a point,set a mark and go for the kill
The next race shall be to reach the top of the hill
The slope will be so steep,the turtle will fall
The rest will be history,a lesson for all
I interrupted in between.."will the turtle go.."
Hill is too steep,and he is too slow
The Rabbit said,"we are still waiting for the time".
If not we,our grand children will taste the lime
But we will win the race and topple the story
We are sure to regain our past glory..

16. Rain

Gone are the days of heat,you have everything to gain
The dark clouds,the tinkling drops, it's the soothing rain
Long saw the hopping frogs and the wet coat
Running for shelter,hip hop,and nerve going down the
throat
But some like me enjoy the drizzling drop
It came,it touched the body,no need to mop
Let it drench me to its full,says the inner soul
The drops will run down from top to bottom,as a whole
The green carpet smiles and the flower bloom No need to
switch on the fan in my cosy room
The chill that the weather feels,put me up on the top,on
my heals
It's raining still with not,all it's force
Let the soil cool down, in that course

17. Tear drops

The moisture is not only in drops of rain,it comes even in
the drops of tear
The sense of insecurity forces you,to the verge of disaster
and fear
The rain drops may not have the feelings,the tear drops
have plenty of them
Rain drops cannot boast of sentiments,the tear drops
have bounty in them
Rain come and go,with intermittent showers
Tears may go on and on for many hours
You choose between rain and tear,what will you find
A story is what the tear carries,in behind
A story so touchy,happy or sad
Tear comes out even if you are glad
Rain drop has no taste,no flavour to say
A tear drop is salty,come what may
Rain drop may be a boon to many,but a tear may not
It may be cool but the tear is always hot....

18. Believe in yourself

When the night becomes total dark
When there is no light or spark
When the heart beat sounds as drum
And the lips become frenzy and mum
When no way seems to cure your brunt
And you feel helpless,ready to grunt
That is the time to test your temper
To nurture your soul,to care,to pamper
Believe in yourself....
Your self belief is the biggest cure
Be confident,and be sure
It increases the flow of blood in your vein
Let the over emotions,pass out and drain
Your fear is your biggest enemy,let me tell
Overcome it and the life will be very well
Believe in yourself....

19. True friend

A true friend stays when all leaves you alone
Nothing can hurt you and no reason to mourn
Your friend comes to you,when you feel low
He raises your tempo and keeps the hope aflow
No double faces and no double games to play
The company of such a good friend,keeps worry away
They laugh with you even in the hardest trail
A good friend never makes you think,"**you are frail..**"
A friend as you,is the need for me
I can meet all the storms and stay glee...
Give me thy hand,and take me my heart
Let's begin a new journey, let's go for a start..

20. Honesty

If you don't have a second face
That overshadows your inner grace
If you have one,who is loud and clear
Who cares for your heart,and not your ear
A painful truth is always good for me
Shall be thankful to the honesty,and thee
For you,I may not be the prince charm
But yes,I will certainly do to you,no harm
Honesty counts and many times in this world,so mystic
They may discourage me,but honesty is more artistic
Honesty matters for us,who value our thought
The hypocrisy makes our relations,smell bad and rot....

21. Beauty of life

Life is beautiful,we all know
But we fail to differ a cuckoo from a crow
Life teaches us lessons,night and day
And how we take them,gets carried away
Life gives happiness to you in part
To be content with what you have,is an art
Small things pave ways for the bigger ones
You will not know,and the smile comes in tonnes
Pause for a moment,and look behind
Regular changes are there,nothing old to find
A dark cloud comes to you,to give you a jolt
And hits you hard,as a fierce thunderbolt
But life does have plans other than this
To hug you,to pamper and to give you a kiss
This makes the life, more a beauty
Smile, tolerate and silence...that is your duty..

www.ingramcontent.com/pod-product-compliance
Lightning Source LLC
Chambersburg PA
CBHW051002030426
42339CB00007B/447

✎ Tito 1:4 - *"Gracia, misericordia y paz, de Dios Padre y del Señor Jesucristo nuestro Salvador."*

✎ Santiago 1:5-8 - *"Y si alguno de vosotros tiene falta de sabiduría, pídala a Dios, el cual da a todos abundantemente y sin reproche, y le será dada."*

5. La Biblia enseña que Dios Padre recibe y contesta las petición de los creyentes *(Mat. 6:9-13, 25-34, Juan 16:23-27, Fil. 4:6-8, I Juan 3:20-22).*

   ✎ Mateo 6:8-13 - *"vuestro Padre sabe de qué cosas tenéis necesidad, antes que vosotros le pidáis."*

   ✎ Filipenses 4:6-7 - *"Por nada estéis afanosos, sino sean conocidas vuestras peticiones delante de Dios en toda oración y ruego, con acción de gracias."*

6. La Biblia enseña que Dios Padre corrige a los creyentes cuando pecan para que ellos vuelven a la obediencia y la vida bendecida (Job 5:17-18, Sal. 94:12, I Cor. 11:27-32, Heb. 10:26-31, 12:4-13).

   ✎ Hebreos 10:26-31 - *"El Señor juzgará a su pueblo. ¡Horrenda cosa es caer en manos del Dios vivo!"*

   ✎ Hebreos 12:4-13 - *"habéis ya olvidado la exhortación que como a hijos se os dirige, diciendo: Hijo mío, no menosprecies la disciplina del Señor, ni desmayes cuando eres reprendido por él; Porque el Señor al que ama, __disciplina__, Y azota a todo el que recibe por hijo."*

El SEÑOR JESUCRISTO
Filipenses 2:5-11, Hebreos 1-2

1. La Biblia enseña que Jesucristo es el <u>Hijo</u> unigénito de Dios y <u>co-igual</u> desde la eternidad con el Padre y el Espíritu Santo *(Mar. 1:9-11, Juan 3:16, 9:30-41, 10:30, Heb. 1-2, II Ped. 1:17, I Juan 4:9-10, II Juan 1:7-9, 2:21-24 / Juan 1:1-14, 29-30, 8:51-59, Heb. 13:8).*

   ✎ Juan 10:30 - *"Yo y el Padre <u>uno</u> somos."*

   ✎ Juan 1:1-5, 14 - *"En el principio era el Verbo, y el Verbo era <u>con</u> Dios, y el Verbo era Dios ... Y aquel Verbo fue hecho carne, y habitó entre nosotros (y vimos su gloria, gloria como del <u>unigénito</u> del Padre), lleno de gracia y de verdad."*

2. La Biblia enseña que Jesucristo es Dios en la <u>carne</u>, cien porciento Dios y hombre a la misma vez *(Col. 2:8-9, Mat. 17:1-13, Juan 1:1-14, 5:17-18, 10:25-30, I Tim. 3:16, Heb. 1-2, I Juan 2:22-23).*

   ✎ Colosenses 2:8-9 - *"Porque en él habita <u>corporalmente</u> toda la plenitud de la Deidad"*

   ✎ Mateo 17:1-6 - *"Jesús ... y se <u>transfiguró</u> delante de ellos, y resplandeció su rostro como el sol, y sus vestidos se hicieron blancos como la luz."*

23

✎ Juan 5:17-18 - *"Jesús les respondió: ... decía que Dios era su propio Padre, haciéndose igual a Dios."*

3. La Biblia enseña que Jesucristo cumplió todas las profecías en el Antiguo Testamento sobre el Mesías, incluyendo Su nacimiento de la virgen por el poder del Espíritu Santo *(Mat. 26:56, 27:9-10, 33-35, Hech. 13:26-31, Juan 1:41-42, Luc. 1-2:40, Gál. 4:4).*

✎ Hechos 13:26-31 - *"Y habiendo cumplido todas las cosas que de él estaban escritas"*

✎ Juan 1:41-42 - *"Hemos hallado al Mesías (que traducido es, el Cristo)."*

4. La Biblia enseña que Jesucristo vivió en el mundo para identificarse con el hombre, aunque sin pecado, para morir en la cruz como el pago por los pecados de cada hombre *(Fil. 2:5-11, Luc. 4:1-13, Heb. 2:14-18, 4:14-16 / Mat. 18:11, I Tim. 1:15, I Ped. 2:21-24, Mar. 15:15-38, Heb. 2:9, 7:25-26, 10:1-25, I Juan 2:2, 4:9-10, Rom. 3:21-26, 4:24-25, Efe. 1:7).*

✎ Filipenses 2:5-11 - *"se despojó a sí mismo, tomando forma de siervo, hecho semejante a los hombres ... se humilló a sí mismo, haciéndose obediente hasta la muerte, y muerte de cruz."*

✎ Hebreos 2:14-18 - *"Así que, por cuanto los hijos participaron de carne y sangre, él también participó de lo mismo, para destruir por medio de la muerte al que tenía el imperio de la muerte, esto es, al diablo, y librar a todos los que por el temor de la muerte estaban durante toda la vida sujetos a servidumbre.*"

✎ Mateo 18:11 - "*Porque el Hijo del Hombre ha venido para salvar lo que se había perdido.*"

5. La Biblia enseña que Jesucristo resucitó físicamente de la tumba tres días después de Su crucifixión para probar Su victoria sobre el pecado y la muerte *(Luc. 24:1-8, 46-47, Hech. 1:3, 13:23-39, I Cor. 15:1-26).*

✎ Lucas 24:1-8 - "*El primer día de la semana ... no hallaron el cuerpo del Señor Jesús ... les dijeron: ¿Por qué buscáis entre los muertos al que vive? No está aquí, sino que ha resucitado.*"

✎ I Corintios 15:1-8 - "*Que Cristo murió por nuestros pecados, conforme a las Escrituras; y que fue sepultado, y que resucitó al tercer día,*"

✎ I Corintios 15:12-20 - "*Porque si los muertos no resucitan, tampoco Cristo resucitó; y si Cristo no resucitó, vuestra fe es vana; aún estáis en vuestros pecados ... Mas ahora Cristo ha resucitado de los muertos; primicias de los que durmieron es hecho.*"

6. La Biblia enseña que Jesucristo es el único <u>camino</u> al Padre y si alguien no acepta a Jesucristo, el Padre no lo aceptará a él *(Juan 14:6, Hech. 4:10-12, Efe. 2:13-22, I Tim. 2:4-6, I John 2:22-23, Heb. 7:25-26).*

✎ Juan 14:6 - *"**Jesús le dijo: Yo soy el <u>camino</u>, y la <u>verdad</u>, y la vida; nadie viene al Padre, sino por mí.***"

✎ Efesios 2:13-22 - *"**porque por medio de él los unos y los otros tenemos <u>entrada</u> por un mismo Espíritu al Padre.***"

7. La Biblia enseña que Jesucristo está en el <u>creyente</u> para mejorarlo espiritualmente y vive a través de éste para presentar Su evangelio al mundo *(Juan 14:23, 17:25-26, Efe. 3:16-19, Col. 1:26-27, II Cor. 4:10-11, 13:3-6, Gál. 2:20).*

✎ Efesios 3:16-17 - *"**para que <u>habite</u> Cristo por la fe en vuestros corazones, a fin de que, arraigados y cimentados en amor,***"

✎ Colosenses 1:26-27 - *"**que es Cristo <u>en</u> vosotros, la esperanza de gloria,***"

✎ Gálatas 2:20 - *"**mas <u>vive</u> Cristo en mí;***"

8. La Biblia enseña que Jesucristo está ahora en el cielo a la derecha del Padre intercediendo por los santos *(Mar. 16:19, Rom. 8:34, Heb. 4:14-16, 7:24-26, 9:24)*.

    ✎ Marcos 16:19 - *"Y el Señor, después que les habló, fue recibido arriba en el cielo, y se sentó a la <u>diestra</u> de Dios."*

    ✎ Romanos 8:34 - *" Cristo es el que ... además está a la <u>diestra</u> de Dios, el que también <u>intercede</u> por nosotros."*

9. La Biblia enseña que Jesucristo debe recibir la <u>gloria</u> y la <u>honra</u> de cada hombre hoy en día y que en el futuro cada persona va a doblar sus rodillas frente a Él *(Fil. 2:5-11, Efe. 1:20-23, Heb. 1:1-2, Apo. 5:13-14)*.

    ✎ Filipenses 2:5-11 - *"en el nombre de Jesús se <u>doble</u> toda rodilla de los que están en los cielos, y en la tierra, y debajo de la tierra; y toda lengua <u>confiese</u> que Jesucristo es el Señor, para gloria de Dios Padre."*

    ✎ Apocalipsis 5:13-14 - *"Y a todo lo creado que está en el cielo, y sobre la tierra, y debajo de la tierra, y en el mar, y a todas las cosas que en ellos hay, oí decir: Al que está sentado en el trono, y al Cordero, sea la <u>alabanza</u>, la <u>honra</u>, la <u>gloria</u> y el <u>poder</u>, por los siglos de los siglos. Los cuatro seres vivientes decían: Amén; y los veinticuatro ancianos se postraron sobre sus rostros y <u>adoraron</u> al que vive por los siglos de los siglos."*

10. La Biblia enseña que Jesucristo será Juez de todos los hombres: el Tribunal de Cristo para los creyentes y el Gran Trono Blanco para los incrédulos en el futuro *(Juan 5:22-27, Rom. 14:9-12, II Cor. 5:9-12, I Ped. 4:5-6, Jud. 14-16, Apo. 20:11-15)*.

✎ Juan 5:22-27 - *"Porque el Padre a nadie juzga, sino que todo el <u>juicio</u> dio al Hijo ... y también le dio <u>autoridad</u> de hacer juicio, por cuanto es el Hijo del Hombre."*

✎ II Corintios 5:9-12 - *"todos nosotros comparezcamos ante el <u>tribunal</u> de Cristo, para que cada uno reciba <u>según</u> lo que haya hecho mientras estaba en el cuerpo, sea bueno o sea malo."*

✎ Apocalipsis 20:11-15 - *"Y vi un gran <u>trono blanco</u> y al que estaba sentado en él ... Y vi a los muertos, grandes y pequeños, de pie ante Dios; y los libros fueron abiertos, y otro libro fue abierto, el cual es el libro de la vida; y fueron <u>juzgados</u> los muertos "*

EL ESPÍRITU SANTO
Juan 16:7-15, Romanos 8:7-27

1. La Biblia enseña que el Espíritu Santo es parte de la trinidad, no como una mera influencia o emanación divina, sino como una personalidad individual *(Gén. 1:2, Mar. 1:9-12, Hech. 5:3-4)*.

    ✎ Marcos 1:9-12 - *"vio abrirse los cielos, y al Espíritu como paloma que descendía sobre él."*

    ✎ Hechos 5:3-4 - *"Y dijo Pedro: Ananías, ¿por qué llenó Satanás tu corazón para que mintieses al Espíritu Santo ... No has mentido a los hombres, sino a Dios."*

2. La Biblia enseña que el Espíritu Santo tiene el propósito de glorificar a Jesucristo en vez de glorificarse a Sí mismo *(Juan 15:26, 16:13-16, I Cor. 12:3, I Juan 4:1-3, 5:6)*.

    ✎ Juan 15:26 - *Pero cuando venga el Consolador, a quien yo os enviaré del Padre, el Espíritu de verdad ... él dará testimonio acerca de mí."*

    ✎ Juan 16:13-16 - *"Pero cuando venga el Espíritu de verdad, él os guiará a toda la verdad ... El me glorificará;"*

3. La Biblia enseña que el Espíritu Santo tiene el ministerio de <u>convencer</u> al mundo del pecado, de justicia y de juicio *(Juan 16:7-12).*

   ✎ Juan 16:7-12 - *"Y cuando él venga, convencerá al mundo de <u>pecado</u>, de <u>justicia</u> y de <u>juicio</u>."*

4. La Biblia enseña que el Espíritu Santo tiene el ministerio de <u>bautizar</u> y <u>sellar</u> a los creyentes en el cuerpo de Jesucristo al ser salvos y que mora en ellos para guiarles, consolarles y facultarles en la vida nueva *(I Cor. 12:12-13, II Cor. 1:21-22, Efe. 4:30, I Juan 4:12-13, Juan 7:37-39, 14:15-18, 26-29, 16:13-14, Hech. 1:8, I Tes. 1:5, Rom. 8:8-27).*

   ✎ I Corintios 12:12-13 - *"Porque por un solo Espíritu fuimos todos <u>bautizados</u> en un cuerpo ... y a todos se nos dio a beber de un mismo Espíritu."*

   ✎ II Corintios 1:21-22 - *"el que nos ungió, es Dios, el cual también nos ha <u>sellado</u>, y nos ha dado las arras del Espíritu en nuestros corazones."*

   ✎ Juan 14:15-18, 26-29 - *"Mas el Consolador, el Espíritu Santo, a quien el Padre enviará en mi nombre, él os <u>enseñará</u> todas las cosas,"*

   ✎ Hechos 1:8 - *"recibiréis <u>poder</u>, cuando haya venido sobre vosotros el Espíritu Santo,"*

✎ Romanos 8:8-13, 26-27 - *"es que el Espíritu de Dios mora en vosotros ... Y de igual manera el Espíritu nos ayuda en nuestra debilidad; ... el Espíritu mismo intercede por nosotros con gemidos indecibles."*

5. La Biblia enseña que el Espíritu Santo es la fuente de los dones espirituales para que cada creyente los use en el ministerio de Dios. Sin embargo, hay algunos de éstos que han cesado después del cumplimiento de la Palabra y no deben ser parte de la Iglesia hoy en día (ej: profecía, lenguas, conocimiento sobrenatural) *(Rom. 12:4-8, I Cor. 12-14, Heb. 2:3-4).*

   ✎ I Corintios 12:4-8 - *"hay diversidad de dones, pero el Espíritu es el mismo."*

   ✎ I Corintios 13:8-10 - *"las profecías se acabarán, y cesarán las lenguas, y la ciencia acabará ... mas cuando venga lo perfecto, entonces lo que es en parte se acabará."*

6. La Biblia enseña que el Espíritu Santo produce fruto espiritual en la vida del creyente cuando él está lleno o controlado por el Espíritu Santo, pero él puede entristecer al Espíritu Santo por falta de vivir la vida santa *(Gál. 5:13-26, Efe. 4:17-32, I Tes. 5:19).*

   ✎ Gálatas 5:13-17, 22-26 - *"Mas el fruto del Espíritu es amor, gozo, paz, paciencia, benignidad, bondad, fe, mansedumbre, templanza; contra tales cosas no hay ley."*

✎ Efesios 5:9, 18-20 - *"el <u>fruto</u> del Espíritu es en toda bondad, justicia y verdad"*

LA CREACIÓN
Génesis 1-2, Colosenses 1:16-17

1. La Biblia enseña que Dios creó de la <u>nada</u>, todo cielo y tierra, y todo ser viviente (incluyendo: los ángeles y los hombres), cada uno según su especie, por el acto directo de hablar sin el proceso de evolución o el proceso del tiempo *(Gén. 1:1, 3, 9, 11, 14, 20, 24, 26, Sal. 33:6-10, 148:1-14, Isa. 42:5, Neh. 9:6, Juan 1:1-3, Hech. 17:22-24, Col. 1:16-17, Heb. 1:10).*

   ✎ Génesis 1:1, 3, 9, 11, 14, 20, 24, 26 - *"**En el** principio creó <u>**Dios**</u> los cielos y la tierra. Y **<u>dijo</u> Dios: Sea ... y fue asi."*

   ✎ Salmos 33:6-10 - *"**Por la <u>palabra</u> de Jehová fueron hechos los cielos, Y todo el ejército de ellos por el <u>aliento</u> de su boca ... Tema a Jehová toda la tierra; Teman delante de él todos los habitantes del <u>mundo</u>. Porque él <u>dijo</u>, y fue hecho; El <u>mandó</u>, y existió."*

   ✎ Salmos 148:1-6 - *"**Alaben el nombre de Jehová; porque él <u>mandó</u>, y fueron creados."*

2. La Biblia enseña que Dios creó en <u>seis</u> días literales de 24 horas (un día es igual de la mañana a la noche), y que en el séptimo día Él descansó de la creación *(Gén. 1:5, 8, 13, 19, 23, 31, 2:1-3, Éxo. 20:11, 31:17, Heb. 4:4)*.

    ✎ Génesis 1:5, 8, 13, 19, 23, 31 - *"Y llamó Dios a la luz <u>Día</u>, y a las tinieblas llamó <u>Noche</u>. Y fue la tarde y la mañana un día."*

    ✎ Génesis 2:1-3 - *"Y acabó Dios en el día <u>séptimo</u> la obra que hizo;"*

    ✎ Éxodos 20:11 - *"Porque en <u>seis</u> días hizo Jehová los cielos y la tierra, el mar, y todas las cosas que en ellos hay,"*

3. La Biblia enseña que Dios creó todo sin el <u>pecado</u> y dijo que era "bueno" *(Gén. 1:31)*.

    ✎ Génesis 1:31 - *"Y vio Dios todo lo que había hecho, y he aquí que era <u>bueno</u> en gran manera."*

4. La Biblia enseña que la ciencia en la creación es por <u>fe</u> por la revelación revelada en Ellas y la evidencia encontrada en la misma creación que prueba que Dios es el Creador *(Heb. 11:3, Sal. 19:1-4, Rom. 1:19-20)*.

    ✎ Salmos 19:1-4 - *"Los cielos <u>cuentan</u> la gloria de Dios, Y el firmamento <u>anuncia</u> la obra de sus manos."*

    ✎ Romanos 1:19-20 - *"pues Dios se lo <u>manifestó</u> ... se hacen claramente visibles*

desde la creación del mundo, siendo
entendidas por medio de las cosas hechas,"
✎ Hebreos 11:3 - *"Por la fe entendemos haber*
sido constituido el universo por la palabra de
Dios, de modo que lo que se ve fue hecho de
lo que no se veía."

5. La Biblia enseña que Dios es el <u>Sustentador</u> del mundo y que Él está personalmente y continuamente trabajando a través de Su creación *(Neh. 9:6, Sal. 148:6, Col. 1:16-17).*

   ✎ Nehemías 9:6 - *"Tú solo eres Jehová; tú*
   hiciste los cielos, y los cielos de los cielos ...
   tú <u>vivificas</u> todas estas cosas,"

   ✎ Colosenses 1:16-17 - *"Porque en él fueron*
   creadas todas las cosas ... y todas las cosas
   en él <u>subsisten;"</u>

EL MUNDO ESPIRITUAL
Hechos 7:48-49, Efesios 6:10-13

1. La Biblia enseña que Dios creó el mundo espiritual en lo cual Dios y los ángeles existen *(Gén 1:1, Col. 1:16-17, Hech. 7:48-49)*
   - ✎ Génesis. 1:1 - *"En el principio creó Dios los cielos y la tierra."*
   - ✎ Colosenses 1:16-17 - *"Porque en él fueron creadas todas las cosas, las que hay en los cielos ... sean tronos, sean dominios, sean principados, sean potestades; todo fue creado por medio de él y para él."*
   - ✎ Hechos 7:48-49 - *"El cielo es mi trono,"*

2. La Biblia enseña que Dios tiene toda la autoridad encima del mundo espiritual e igual del mundo físico *(Fil. 2:9-11, Col. 1:16-17, Job 1-2:8)*.
   - ✎ Filipenses 2:9-11 - *"en el nombre de Jesús se doble toda rodilla de los que están en los cielos,"*
   - ✎ Colosenses 1:16-17 - *"Porque en él fueron creadas todas las cosas ... Y él es antes de todas las cosas, y todas las cosas en él subsisten;"*

3. La Biblia enseña que los ángeles fueron creados por Dios y son más poderosos que los hombres *(Jud. 8-10, Heb. 1:7, 13-14, 2:5-9)*.

✎ Hebreos 1:7, 13-14 - *"Ciertamente de los ángeles dice: El que hace a sus ángeles espíritus, Y a sus ministros llama de fuego."*

✎ Hebreos 2:5-9 - *":¿Qué es el hombre ... Le hiciste un poco menor que los ángeles,"*

4. La Biblia enseña que los ángeles son ministros fieles para Dios y le glorificarán a Él para siempre *(Sal. 104:4, Heb. 1:7, 13-14, Mat. 18:10, Apo. 4:1-9, 5:11-14, 7:11-12)*.

✎ Hebreos 1:7, 13-14 - *"¿No son todos espíritus ministradores, enviados para servicio a favor de los que serán herederos de la salvación?"*

✎ Apocalipsis 7:11-12 - *"Y todos los ángeles estaban en pie alrededor del trono ... y adoraron a Dios,"*

5. La Biblia enseña que hay ángeles que se rebelaron contra la autoridad de Dios, son seguidores de Satanás y van a recibir la sentencia de Dios para toda la eternidad *(Isa. 14:12-23, Mat. 8:28-29, 25:41, I Ped. 2:4, Jud. 1:6, Apo. 12:3-4, 9)*.

✎ Mateo 25:41 - *"Apartaos de mí, malditos, al fuego eterno preparado para el diablo y sus ángeles."*

✎ Judas 1:6 - *"Y a los ángeles que no guardaron su dignidad, sino que abandonaron su propia morada, los ha guardado bajo oscuridad, en prisiones eternas, para el juicio del gran día;"*

6. La Biblia enseña que el mundo espiritual afecta a los hombres y que únicamente por el poder de Dios se puede ganar la victoria *(Job 1-2:7-12, II Cor. 12:7 / Efe. 6:10-18, Sant. 4:7-8, I Ped. 5:8-11).*

✎ Job 1:6-12 - *"Respondiendo Satanás a Jehová, dijo: ¿Acaso teme Job a Dios de balde? ¿No le has cercado alrededor a él y a su casa y a todo lo que tiene? ... Pero extiende ahora tu mano y toca todo lo que tiene, y verás si no blasfema contra ti en tu misma presencia."*

✎ Efesios 6:10-18 - *"Vestíos de toda la armadura de Dios, para que podáis estar firmes contra las asechanzas del diablo. Porque no tenemos lucha contra sangre y carne, sino contra principados, contra potestades, contra los gobernadores de las tinieblas de este siglo, contra huestes espirituales de maldad en las regiones celestes."*

✎ Santiago 4:7-8 - *"Someteos, pues, a Dios; resistid al diablo, y huirá de vosotros."*

✎ I Pedro 5:8-11 - *"Sed sobrios, y velad; porque vuestro adversario el diablo, como león rugiente, anda alrededor buscando a quien devorar;"*

7. La Biblia enseña que los demonios no pueden morar en el creyente porque éste tiene el sello y protección del Espíritu Santo *(I Cor. 6:19-20, II Cor. 6:14-16, Efe. 1:13-14, I Juan 4:4, 5:4).*

   ✎ I Corintios 6:19-20 - *"¿O ignoráis que vuestro cuerpo es <u>templo</u> del Espíritu Santo, el cual está en vosotros, el cual tenéis de Dios, y que no sois vuestros?"*

   ✎ II Corintios 6:14-16 - *"¿Y qué acuerdo hay entre el templo de Dios y los ídolos? Porque vosotros sois el <u>templo</u> del Dios viviente,"*

   ✎ Efesios 1:13-14 - *"y habiendo creído en él, fuisteis <u>sellados</u> con el Espíritu Santo de la promesa,"*

8. La Biblia enseña que los creyentes deben depender de la Biblia para la <u>información</u> sobre el mundo espiritual y deben <u>separarse</u> de las experiencias y revelaciones humanas *(Jud. 1:8-10, I Tim. 1:4, Tito 3:9, Deut. 29:29).*

   ✎ Judas 1:8-10 - *"Pero cuando el arcángel Miguel contendía con el diablo ... no se atrevió a proferir juicio de <u>maldición</u> contra él, sino que dijo: El Señor te reprenda."*

   ✎ Deuteronomio 29:29 - *"Las cosas secretas <u>pertenecen</u> a Jehová nuestro Dios; mas las reveladas son para nosotros"*

SATANÁS
Ezequiel 28:11-19, Efesios 6:10-18

1. La Biblia enseña sobre Satanás, el enemigo de Dios, quien fue <u>creado</u> por Dios como el ángel por encima de todos los otros ángeles *(Eze. 28:11-19).*

   ✎ Ezequiel 28:11-19 - *"Tú eras el sello de la perfección, lleno de sabiduría, y acabado de hermosura ... Tú, querubín grande, protector, yo te puse en el santo monte de Dios, allí estuviste; en medio de las piedras de fuego te paseabas. Perfecto eras en todos tus caminos desde el día que fuiste <u>creado</u>, hasta que se halló en ti maldad. A causa de la multitud de tus contrataciones fuiste lleno de iniquidad, y <u>pecaste</u>;"*

2. La Biblia enseña que Satanás es el enemigo de Dios por la causa de su <u>rebelión</u> contra Él en su orgullo y deseo de ser igual a Dios *(Isa. 14:12-15, Eze. 28:11-19).*

   ✎ Isaías 14:12-15 - *"Tú que decías en tu corazón: <u>Subiré</u> al cielo; en lo alto, junto a las estrellas de Dios, levantaré mi trono, y en el monte del testimonio me sentaré, a los lados del norte; sobre las alturas de las nubes subiré, y seré <u>semejante</u> al Altísimo."*

✎ Ezequiel 28:11-19 - "*Se enalteció tu corazón a causa de tu hermosura, <u>corrompiste</u> tu sabiduría a causa de tu esplendor;*"

3. La Biblia enseña que un <u>tercio</u> de los ángeles siguieron a Satanás en su rebelión contra Dios y están trabajando con él aun hoy en día *(Mat. 12:24, 25:41, Rom. 12:4, Apo. 12:3-12, 20:1-11).*

   ✎ Mateo 25:41 - "*al fuego eterno preparado para el diablo y sus <u>ángeles</u>.*"

   ✎ Apocalipsis 12:3-12 - "*he aquí un gran dragón escarlata ... y su cola arrastraba la <u>tercera</u> parte de las estrellas del cielo,*"

4. La Biblia enseña que Satanás fue el <u>tentador</u> en el Huerto de Edén y que continuó tentando a los hombres a través de toda la historia humana para engañarlos en su rebelión contra Dios *(Gén. 3:1-6, 14-15, Eze. 8:11-16, Mat. 4:1-11, I Ped. 5:8-11, II Cor. 11:3-4, 13-15).*

   ✎ Génesis. 3:1-6 - "*Pero la serpiente era <u>astuta</u> ... ¿Conque Dios os ha dicho: No comáis de todo árbol del huerto?*"

   ✎ Mateo 4:1-11 - "*Entonces Jesús fue llevado por el Espíritu al desierto, para ser <u>tentado</u> por el diablo ... Y vino a él el <u>tentador</u>*"

   ✎ II Corintios 11:3-4 - "*Pero temo que como la serpiente con su astucia <u>engañó</u> a Eva, vuestros sentidos sean de alguna manera extraviados de la sincera fidelidad a Cristo.*"

5. La Biblia enseña que Satanás es el príncipe de poder de este mundo y el padre espiritual de los incrédulos *(Juan 8:43-44, I Juan 3:8-10, II Cor. 4:4, Efe. 2:1-2)*.

    ✎ Juan 8:43-44 - *"Vosotros sois de vuestro padre el diablo, y los deseos de vuestro padre queréis hacer."*

    ✎ I Juan 3:8-10 - *"El que practica el pecado es del diablo; porque el diablo peca desde el principio."*

    ✎ Efesios 2:1-2 - *"en los cuales anduvisteis en otro tiempo ... conforme al príncipe de la potestad del aire,"*

6. La Biblia enseña que Satanás es el acusador de los creyentes delante de Dios *(Job 1-2, Zec. 3:1-2, Apo. 12:10)*.

    ✎ Job 1:6-11 - *"Pero extiende ahora tu mano y toca todo lo que tiene, y verás si no blasfema contra ti en tu misma presencia."*

    ✎ Apocalipsis 12:10 - *"porque ha sido lanzado fuera el acusador de nuestros hermanos, el que los acusaba delante de nuestro Dios día y noche."*

7. La Biblia enseña que Satanás recibirá su recompensa por ser lanzado en el Lago de Fuego y Azufre *(Mat. 25:41, Apo. 20:7-15)*.

    ✎ Mateo 25:41 - *"al fuego eterno preparado para el diablo y sus ángeles."*

✎ Apocalipsis 20:7-15 - *"Y el diablo que los engañaba fue lanzado en el lago de <u>fuego</u> y <u>azufre</u>, donde estaban la bestia y el falso profeta; y serán atormentados día y noche por los siglos de los siglos."*

8. La Biblia enseña que los creyentes pueden ganar la <u>victoria</u> por encima de Satanás al depender en Dios y obedecer la Palabra de Dios *(Efe. 6:10-18, Sant. 4:6-8, I Ped. 5:8-11, I Juan 4:4).*

✎ Efesios 6:10-13 - *"Vestíos de toda la armadura de Dios, para que podáis estar <u>firmes</u> contra las asechanzas del diablo."*

✎ Santiago 4:6-8 - *"Someteos, pues, a Dios; resistid al diablo, y <u>huirá</u> de vosotros."*

✎ I Juan 4:4 - *"Hijitos, vosotros sois de Dios, y los habéis vencido; porque mayor es el que está en vosotros, que el que está en el <u>mundo</u>."*

El CIELO Y EL INFIERNO
Lucas 16:19-31, Apocalipsis 21:1-8

1. La Biblia enseña que el cielo y el infierno son lugares <u>literales</u> *(Luc. 16:19-31, II Cor. 5:1-9)*.
   - Lucas 16:19-31 - *"Y en el <u>Hades</u> alzó sus ojos, estando en tormentos, y vio de lejos a Abraham, y a Lázaro en su <u>seno</u>."*
   - II Corintios 5:1-9 - *"tenemos de Dios un edificio, una casa no hecha de manos, eterna, en los <u>cielos</u> ... deseando ser revestidos de aquella nuestra habitación <u>celestial;</u>"*

2. La Biblia enseña que el cielo es el lugar de <u>Dios</u> *(Isa. 6:1-7, Sal. 14:1-3, Mat. 5:34, Hech. 7:48-49, Apo. 4:1-11)*.
   - Salmos 14:1-3 - *"<u>Jehová</u> miró desde los <u>cielos</u> sobre los hijos de los hombres"*
   - Hechos 7:48-49 - *"<u>El cielo es mi <u>trono</u>, Y la tierra el estrado de mis pies.</u>"*

3. La Biblia enseña que el cielo es el lugar <u>eterno</u>, en la presencia de Dios, para los creyentes inmediatamente después que su vida física finaliza *(Luc. 23:42-43, Hechos 7:59-60, II Cor. 5:1-9, Juan 14:1-4, 17:24, I Cor. 15:51-57, I Tes. 4:13-18)*.

✎ Juan 14:1-4 - *"En la casa de mi Padre muchas moradas hay ... Y si me fuere y os preparare lugar, vendré otra vez, y os tomaré a mí mismo, para que donde yo estoy, vosotros también estéis."*

✎ Juan 17:24 - *"Padre, aquellos que me has dado, quiero que donde yo estoy, también ellos estén conmigo,"*

4. La Biblia enseña que Dios creará en el futuro nuevo cielo y tierra en los cuales todos los creyentes van a vivir con Él para toda la eternidad *(Apo. 21:1-7)*.

✎ Apocalipsis 21:1-7 - *"Vi un cielo nuevo y una tierra nueva;"*

5. La Biblia enseña que el infierno es el lugar eterno de sufrimiento para los incrédulos inmediatamente después de su muerte física *(Mat. 5:22, Mar. 9:43-48, Luc. 12:4-5, 16:19-31, Apo. 20:11-15, 21:8)*.

✎ Lucas 12:4-5 - *"Temed a aquel que después de haber quitado la vida, tiene poder de echar en el infierno;"*

✎ Apocalipsis 21:8 - *"tendrán su parte en el lago que arde con fuego y azufre, que es la muerte segunda."*

6. La Biblia enseña que después del <u>Gran</u> <u>Trono</u> <u>Blanco</u>, Satanás, los demonios y los incrédulos van a sufrir literalmente para toda la eternidad separados de Dios en el infierno *(Apo. 20:11-15, Mat. 13:24-30, 36-43).*

✎ Apocalipsis 20:11-15 - *"Y la muerte y el Hades fueron lanzados al lago de fuego. Esta es la muerte segunda. Y el que no se halló inscrito en el libro de la vida fue lanzado al lago de <u>fuego</u>."*

✎ Mateo 13:24-30, 36-43 - *"Enviará el Hijo del Hombre a sus ángeles, y recogerán de su reino a todos los que sirven de tropiezo, y a los que hacen iniquidad, y los echarán en el horno de <u>fuego</u>; allí será el lloro y el crujir de dientes."*

EL HOMBRE
Génesis 1:26-31, Romanos 3:10-23

1. La Biblia enseña que el hombre fue creado a la imagen de Dios por Dios mismo en el sexto día de la creación *(Gén. 1:26-28, 2:7, 21-25).*
   - Génesis 1:26-28 - *"Entonces dijo Dios: Hagamos al hombre a nuestra imagen, conforme a nuestra semejanza;"*
   - Génesis 2:7, 21-25 - *"Entonces Jehová Dios formó al hombre del polvo de la tierra, y sopló en su nariz aliento de vida, y fue el hombre un ser viviente."*

2. La Biblia enseña que le fue dado al hombre el dominio y la autoridad por encima del mundo entero *(Gén. 1:29-31, 2:8-20, 9:1-7, Sal. 8:3-9, Heb. 2:6-9).*
   - Génesis 1:29-31 - *" He aquí que os he dado toda planta ... toda la tierra, y todo árbol ... a toda bestia ... a todas las aves ... y a todo lo que se arrastra"*
   - Salmos 8:3-9 - *"Digo: ¿Qué es el hombre ... Le hiciste señorear sobre las obras de tus manos;"*

3. La Biblia enseña que el hombre fue creado sin pecado, pero con el privilegio de hacer su propia decisión de obediencia o rebelión en contra de los mandatos de Dios *(Gén. 2:8-9, 16-17, 3:1-19, Ecl. 7:29, Isa. 53:6)*.

    ✎ Génesis 2:8-9, 16-17 - *"Y mandó Jehová Dios al hombre, diciendo: De todo árbol del huerto podrás comer; mas del árbol de la ciencia del bien y del mal no comerás; porque el día que de él comieres, ciertamente morirás."*

    ✎ Eclesiastés 7:29 - *"Dios hizo al hombre recto, pero ellos buscaron muchas perversiones."*

    ✎ Isaías 53:6 - *"cada cual se apartó por su camino;"*

4. La Biblia enseña que el hombre, por su propia voluntad, cayó a la tentación del pecado y pecó contra Dios *(Gén. 3:1-24 (1-6), I Tim. 2:14)*.

    ✎ Génesis 3:1-6 - *"Y vio la mujer que el árbol era bueno para comer, y que era agradable a los ojos, y árbol codiciable para alcanzar la sabiduría; y tomó de su fruto, y comió; y dio también a su marido, el cual comió así como ella."*

    ✎ I Timoteo 2:14 - *"y Adán no fue engañado, sino que la mujer, siendo engañada, incurrió en transgresión."*

5. La Biblia enseña que a causa de la caída del primer hombre, Adán, todos los descendientes reciben la naturaleza <u>pecaminosa</u> pasada por la sangre en su concepción y nacimiento *(Rom. 3:9-23, 5:12-21, I Cor. 15:45-50, Sal. 51:4, 58:3).*

    ✎ Romanos 3:9-23 - *"**Como está escrito: No hay <u>justo</u>, ni aun <u>uno</u>; No hay quien entienda, No hay quien busque a Dios. Todos se desviaron, a una se hicieron inútiles; No hay quien haga lo bueno, no hay ni siquiera uno.**"*

    ✎ Romanos 5:12-21 - *"**el pecado entró en el mundo por un hombre, ... la muerte pasó a todos los hombres, por cuanto todos <u>pecaron</u>.**"*

    ✎ Salmos 58:3 - *"**Se apartaron los impíos desde la <u>matriz</u>; Se descarriaron hablando mentira desde que nacieron.**"*

6. La Biblia enseña que aunque cada persona fue afectada por el pecado original, también es culpable por su <u>propio</u> pecado y rebelión contra Dios por sus propias decisiones, pensamientos, palabras y hechos, y que la recompensa es separación de Díos en el Lago de Fuego por toda eternidad *(Eze. 18:3-29, Juan 3:15-18, Rom. 1:18-32, I Cor. 6:9-10, Gál. 5:19-21, Sant. 4:4, Apo. 20:11-15).*

    ✎ Juan 3:15-18 - *"**El que en él <u>cree</u>, no es condenado; pero el que no cree, ya ha sido**"* *condenado, porque no ha creído en el nombre del unigénito Hijo de Dios.*"

✎ Romanos 1:18-32 - "*Pues habiendo conocido a Dios, no le glorificaron como a Dios, ni le dieron gracias, sino que se envanecieron en sus razonamientos, y su necio corazón fue entenebrecido.*"

✎ Apocalipsis 20:11-15 - "*Y el que no se halló inscrito en el libro de la vida fue lanzado al lago de fuego.*"

7. La Biblia enseña que el hombre, en su condición de pecado, no posee la santidad de Dios y está en rebelión contra Él y por lo tanto, es condenado por Dios sin la habilidad de salvarse *(Isa. 64:6, Jer. 17:9, Rom. 3:23, 6:23, 8:1-9, Efe. 2:1-22 (1-3, 5, 8, 12, 15), Fil. 3:1-9, Tito 3:4-7).*

✎ Isaías 64:6 - **Si bien todos nosotros somos como suciedad, y todas nuestras justicias como trapo de inmundicia;**"

✎ Romanos 3:23 - "*por cuanto todos pecaron, y están destituidos de la gloria de Dios,*"

✎ Efesios 2:1-3, 5, 8, 12, 15 - "*Y él os dio vida a vosotros, cuando estabais muertos en vuestros delitos y pecados,*"

LA SALVACIÓN
Juan 3:1-18, I Pedro 1:18-21

1. La necesidad de la salvación
   a. La Biblia enseña que cada persona necesita la salvación de su alma por causa de su pecado y rebelión contra la santidad de Dios *(Rom. 1:18-32, 3:10-18, 23, 5:12, Sant. 2:10, I Juan 3:4).*

      ✎ Romanos 3:10-18, 23 - *"por cuanto todos pecaron, y están destituidos de la gloria de Dios,"*

   b. La Biblia enseña que cada persona sin la salvación pagará su cuenta de pecado por su separación de Dios en el Lago de Fuego por toda la eternidad *(Luc. 13:1-5, Juan 3:15-21, Rom. 6:23, Apo. 20:11-15).*

      ✎ Romanos 6:23 - *"Porque la paga del pecado es muerte,"*

      ✎ Apocalipsis 20:11-15 - *"Y el que no se halló inscrito en el libro de la vida fue lanzado al lago de fuego."*

2. La condición para la salvación

   a. La Biblia enseña que cuando un pecador se arrepiente de sus pecados y expresa su fe en la obra del Señor Jesucristo, por su muerte, entierro y resurrección como el único pago de su cuenta de pecado, será salvo *(Mat. 9:13, Luc. 13:1-5, Juan 3:1-18, 5:24, 14:6, Rom. 1:16, 3:21-28, 10:9-13, Hech. 8:35-38, 16:30-32, 20:21, I Cor. 15:1-4, Efe. 2:1-10, Heb. 4:1-3, 6:1).*

     ✎ Juan 5:24 - *"**De cierto, de cierto os digo: El que oye mi palabra, y cree al que me envió, tiene vida eterna; y no vendrá a condenación, mas ha pasado de muerte a vida.**"*

     ✎ Romanos 3:21-28 - *"**Pero ahora, aparte de la ley, se ha manifestado la justicia de Dios ... por medio de la fe en Jesucristo, para todos los que creen en él ... Concluimos, pues, que el hombre es justificado por fe sin las obras de la ley.**"*

     ✎ Romanos 10:9-13 - *"**Porque con el corazón se cree para justicia, pero con la boca se confiesa para salvación.**"*

3. La expiación del pecado en la salvación
   a. La Biblia enseña que el plan para la expiación del pecado fue establecido por <u>Dios</u> antes que el mundo fuese creado (*Hech. 2:23-24, Tito 1:1-3, I Ped. 1:18-21, Apo 13:8).*
      - ✎ Tito 1:1-3 - "*en la esperanza de la <u>vida</u> <u>eterna</u>, ... prometió desde antes del principio de los siglos,*"
      - ✎ I Pedro 1:18-21 - "*sabiendo que fuisteis rescatados de vuestra vana manera de vivir ... con la sangre preciosa de Cristo ... ya destinado desde <u>antes</u> de la fundación del mundo,*"

   b. La Biblia enseña que el plan de Dios para la expiación del pecado fue realizado por la obediencia de <u>Jesucristo</u> en tomar la naturaleza humana, pero sin el pecado, para morir en la cruz como la plena y vicaria (en el lugar de) propiciación (pago) para todos los pecados, una sola vez para siempre. *(Mat. 18:11, Juan 3:16, I Juan 4:9-10, II Cor. 5:21, Fil. 2:5-8, Heb. 2:9-18, 9:24-28, Isa. 53:1-12).*
      - ✎ Mateo 18:11 - "*Porque el Hijo del Hombre ha venido para <u>salvar</u> lo que se había perdido.*"
      - ✎ II Corintios 5:21 - "*Al que no conoció pecado, por nosotros lo hizo <u>pecado</u>, para que nosotros fuésemos hechos <u>justicia</u> de Dios en él.*"

✎ Hebreos 2:9-18 - *"coronado de gloria y de honra, a causa del padecimiento de la muerte, para que por la gracia de Dios gustase la <u>muerte</u> por todos."*

✎ Hebreos 9:24-28 - *"se presentó una vez para siempre por el sacrificio de sí mismo para quitar de en medio el pecado ... así también Cristo fue ofrecido una sola vez para llevar los <u>pecados</u> de muchos;"*

i. La Biblia enseña que el plan de Dios para la expiación del pecado se cumplió cuando Jesucristo cargó todos los <u>pecados</u> del hombre en Su cuerpo en la cruz, fue enterrado y resucitó tres días después para probar la victoria por encima del pecado y la muerte una vez para siempre *(Juan 1:29, I Cor. 15:1-4, 55-58, II Cor. 5:21, Heb. 9:26-28, 10:9-13).*

✎ I Corintios 15:1-4, 55-58 - *"Además os declaro, hermanos, el evangelio ... Que Cristo <u>murió</u> por nuestros pecados, conforme a las Escrituras; y que fue <u>sepultado</u>, y que <u>resucitó</u> al tercer día, conforme a las Escrituras;"*

✎ Hebreos 10:9-13 - *"en esa voluntad somos santificados mediante la* *ofrenda del <u>cuerpo</u> de Jesucristo hecha una vez para siempre."*

ii. La Biblia enseña que el plan de Dios para la expiación del pecado se estableció cuando Jesucristo ganó la <u>victoria</u> encima de la muerte y fue exaltado como el único mediador de Dios para el hombre *(Luc. 24:46-48, Hech. 4:10-12, I Tim. 2:3-6, II Tim. 1:8-10, Heb. 10:9-13, I Ped. 1:3).*

✎ I Timoteo 2:3-6 - *"**Porque hay un solo Dios, y un solo <u>mediador</u> entre Dios y los hombres, Jesucristo hombre,**"*

✎ II Timoteo 1:8-10 - *"**nuestro Salvador Jesucristo, el cual quitó la <u>muerte</u> y sacó a luz la vida y la inmortalidad por el evangelio,**"*

c. La Biblia enseña que el plan de Dios para la expiación del pecado está disponible para <u>todos</u> los hombres por la gracia de Dios cuando acepten el pago del pecado por Jesucristo en la cruz *(Juan 6:44-45, 12:32, Hech. 15:11, Rom. 1:16, 10:12-13, I Tim. 2:3-6, 4:10, II Tim. 1:8-10, II Ped. 1:18-19, 3:9).*

✎ Romanos 1:16 - *"**Porque no me avergüenzo del evangelio, porque es poder de Dios para salvación a todo aquel que <u>cree</u>;**"*

✎ Romanos 10:13 - *"porque todo aquel que invocare el nombre del Señor, será salvo."*

✎ II Pedro 1:18-19 - *"sabiendo que fuisteis rescatados de vuestra vana manera de vivir, la cual recibisteis de vuestros padres, no con cosas corruptibles, como oro o plata, sino con la sangre preciosa de Cristo, como de un cordero sin mancha y sin contaminación,"*

✎ II Pedro 3:9 - *"no queriendo que ninguno perezca, sino que todos procedan al arrepentimiento."*

4. La libertad en la salvación
   a. La Biblia enseña que la salvación provee libertad de la recompensa del pecado *(Juan 3:16-18, 5:24, Rom. 4:7-8, 8:1-4, Gál. 3:13)*.

   ✎ Juan 3:16-18 - *"El que en él cree, no es condenado;"*

   ✎ Juan 5:24 - *"El que oye mi palabra, y cree al que me envió, tiene vida eterna; y no vendrá a condenación,"*

   ✎ Romanos 8:1-4 - *"Ahora, pues, ninguna condenación hay para los que están en Cristo Jesús, los que no andan conforme a la carne, sino conforme al Espíritu."*

b. La Biblia enseña que la salvación provee libertad del <u>poder</u> del pecado *(Rom. 6:1-22, Col. 3:1-3, I Ped. 4:1-2, I Juan 5:4-5)*.

✎ Romanos 6:1-22 - " ***Porque los que hemos <u>muerto</u> al pecado, ¿cómo <u>viviremos</u> aún en él?*** *... a fin de que como Cristo resucitó de los muertos por la gloria del Padre, así también nosotros andemos en vida <u>nueva</u>... para que el cuerpo del pecado sea <u>destruido</u>, a fin de que no sirvamos más al pecado ... y <u>libertados</u> del pecado, vinisteis a ser <u>siervos</u> de la justicia.*"

c. La Biblia enseña que la salvación provee libertad para <u>vivir</u> para Dios *(Rom. 6:8-22, 14:7-9, I Cor. 6:20, Tito 2:11-14)*.

✎ Romanos 14:7-9 - "*Porque ninguno de nosotros vive para sí, y ninguno muere para sí. Pues si vivimos, para el Señor vivimos ... Así pues, sea que vivamos, o que muramos, del <u>Señor</u> somos.*"

✎ I Corintios 6:20 - "*Porque habéis sido comprados por precio; glorificad, pues, a Dios en vuestro <u>cuerpo</u> y en vuestro <u>espíritu</u>, los cuales son de Dios.*"

✎ Tito 2:11-14 - "*Salvador Jesucristo, quien se dio a sí mismo por nosotros para <u>redimirnos</u> de toda iniquidad y <u>purificar</u> para sí un pueblo propio, celoso de buenas <u>obras</u>.*"

i. La Biblia enseña que la libertad es limitada por amor a <u>Dios</u> *(Mat. 22:37-40, I Cor. 6:20, II Cor. 5:14-17, Gál. 2:20).*

    ✎ Mateo 22:37-40 - *"<u>Amarás</u> al Señor tu Dios con todo tu corazón, y con toda tu alma, y con toda tu mente."*

    ✎ II Corintios 5:14-17 - *"Porque el <u>amor</u> de Cristo nos constriñe,"*

ii. La Biblia enseña que la libertad es limitada por amor a los <u>demás</u> *(Mat. 22:39-40, Gál. 5:13-14, I Ped. 2:16-17).*

    ✎ Gálatas 5:13-14 - *"hermanos, a libertad fuisteis llamados... servíos por <u>amor</u> los unos a los otros ... <u>Amarás</u> a tu prójimo como a ti mismo."*

5. La regeneración por gracia en la salvación

a. La Biblia enseña que por la regeneración, el pecador tiene el nuevo nacimiento espiritual y es una nueva creación en Cristo Jesús, la que es un acto instantáneo (y no un proceso), por lo cual el pecador que estaba muerto en transgresión y pecado es hecho participante de la naturaleza divina y recibe la vida eterna, el don gratuito de Dios *(Mat. 19:28, Juan 3:3-8, I Juan 3:1, 5:1, II Cor. 5:14-21, II Ped. 1:4).*

✎ I Juan 3:1 - *"**Mirad cuál amor nos ha dado el Padre, para que seamos llamados hijos de Dios;**"*

✎ II Corintios 5:14-21 - *"**De modo que si alguno está en Cristo, nueva criatura es; las cosas viejas pasaron; he aquí todas son hechas nuevas.**"*

b. La Biblia enseña que la regeneración en la nueva creación se efectúa fuera de nuestra comprensión, solamente por el poder del Espíritu Santo por la Verdad Divina (la Palabra de Dios) y es evidente por los frutos espirituale*s (Juan 3:5-8, Rom. 8:1-4, Tito 3:4-7, Gál. 4:4-7, Sant. 1:18, I Ped. 1:23, I Juan 2:29, 3:8-10, 4:7-8, 5:1-4).*

✎ Tito 3:4-7 - *"**Pero cuando se manifestó la bondad de Dios nuestro Salvador ... nos salvó ... sino por su misericordia, por el lavamiento de la regeneración y**"* *por la <u>renovación</u> en el Espíritu Santo, el cual derramó en nosotros abundantemente por Jesucristo nuestro Salvador,"*

✎ Gálatas 4:4-7 - *"Y por cuanto sois hijos, Dios envió a vuestros corazones el <u>Espíritu</u> de su Hijo, el cual clama: ¡Abba, Padre!"*

✎ I Pedro 1:23 - *"siendo renacidos, no de simiente corruptible, sino de incorruptible, por la <u>palabra</u> de Dios"*

✎ I Juan 5:1-4 - *"Todo aquel que cree que Jesús es el Cristo, es <u>nacido</u> de Dios; ... Porque todo lo que es <u>nacido</u> de Dios vence al mundo; y esta es la victoria que ha vencido al mundo, nuestra fe."*

c. La Biblia enseña que los regenerados son los electos de Dios por Su conocimiento previo para vivir como <u>hijos</u> santos *(Hech. 2:37-41, Rom. 8:29-30, Efe. 1:3-14, Col. 1:12-14, I Ped. 1:14).*

✎ Romanos 8:29-30 - *"Porque a los que antes <u>conoció</u>, también los predestinó"*

✎ Efesios 1:3-14 - *"según nos escogió en él antes de la fundación del mundo, para que fuésemos <u>santos</u> y sin <u>mancha</u> delante de él ... Y a los que <u>predestinó</u>, a éstos también llamó; y a los que llamó, a éstos también justificó; y a los que justificó, a éstos también glorificó."*

6. La justificación en la salvación
   a. La Biblia enseña que la justificación es el acto por lo cual Dios declara justo al pecador que cree en su Hijo Jesucristo *(Isa. 53:10-11, Hech. 13:38-39, Rom. 5:1-21, I Cor. 6:11)*.

   ✎ Hechos 13:38-39 - *"que por medio de él se os anuncia perdón de pecados ... en él es justificado todo aquel que cree."*

   ✎ I Corintios 6:11 - *"mas ya habéis sido lavados, ya habéis sido santificados, ya habéis sido justificados en el nombre del Señor Jesús,"*

   b. La Biblia enseña que esta justificación no es imputada como resultado de justicia que nosotros hayamos efectuado, sino que es solamente por la fe en el Redentor *(Rom. 3:24-28, 5:1-2, 8:1-4, Gál. 2:16, Tito 3:4-7)*.

   ✎ Romanos 3:24-28 - *"siendo justificados gratuitamente por su gracia, mediante la redención que es en Cristo Jesús, a quien Dios puso como propiciación por medio de la fe en su sangre,"*

   ✎ Gálatas 2:16 - *"sabiendo que el hombre no es justificado por las obras de la ley, sino por la fe de Jesucristo, nosotros también hemos creído en Jesucristo, para ser justificados por la fe de Cristo"*

7. La seguridad del creyente en la salvación

  a. La Biblia enseña que todos los que verdaderamente han nacido de nuevo por fe en Jesucristo son <u>guardados</u> para siempre por Dios el Padre, el Hijo Jesucristo y el Espíritu Santo *(Juan 10:25-30, I Juan 5:4-5, 10-13, Rom. 8:35-39, Efe. 2:1-22, I Ped. 1:3-5).*

    ✎ Juan 10:25-30 - *"Mis ovejas oyen mi voz, y yo las conozco, y me siguen, y yo les doy vida eterna; y no perecerán jamás, ni nadie las <u>arrebatará</u> de mi mano ... y nadie las puede <u>arrebatar</u> de la mano de mi Padre."*

    ✎ I Juan 5:4-5, 10-13 - *"Porque todo lo que es nacido de Dios vence al mundo; y esta es la <u>victoria</u> que ha vencido al mundo, nuestra fe. ¿Quién es el que <u>vence</u> al mundo, sino el que cree que Jesús es el Hijo de Dios?"*

LA VIDA CRISTIANA
II Corintios 5:14-21, Eclesiastés 12:13-14

1. La Biblia enseña que la vida Cristiana empieza en el <u>momento</u> en que una persona acepta por fe la salvación de Dios por la obra completa de Jesucristo *(Juan 3:1-18, II Cor. 5:17, Gál. 6:14-16, Efe. 2:1-10, I Ped. 1:23, I Juan 5:1).*

    ✎ II Corintios 5:17 - *"De modo que si alguno está en Cristo, <u>nueva</u> criatura es; las cosas <u>viejas</u> pasaron; he aquí todas son hechas <u>nuevas</u>."*

    ✎ Efesios 2:1-10 - *"Y él os dio <u>vida</u> a vosotros, cuando estabais muertos en vuestros delitos y pecados, ... aun estando nosotros muertos en pecados, nos dio <u>vida</u> juntamente con Cristo (por gracia sois salvos) ... Porque por gracia sois salvos por medio de la <u>fe</u>"*

    ✎ I Pedro 1:23 - *"sien siendo <u>renacidos</u>, no de simiente corruptible, sino de incorruptible,"*

2. La Biblia enseña que el propósito de la vida Cristiana es de <u>glorificar</u> a Dios por cumplir sus mandatos y vivir en santidad *(Ecl. 12:13-14, I Cor. 6:19-20, 10:31, II Cor. 5:14-21, Efe. 2:1-10, 3:20-21, I Tim. 1:15-17, Tito 2:11-14, I Ped. 1:15-16, 4:10-11, II Ped. 3:17-18).*

✎ Eclesiastés 12:13-14 - *"**El fin de todo el discurso oído es este: <u>Teme</u> a Dios, y <u>guarda</u> sus mandamientos; porque esto es el <u>todo</u> del hombre.**"*

✎ I Corintios 6:19-20 - *"**Porque habéis sido comprados por precio; <u>glorificad</u>, pues, a Dios en vuestro cuerpo y en vuestro espíritu, los cuales son de Dios.**"*

✎ I Corintios 10:31 - *"**Si, pues, coméis o bebéis, o hacéis otra cosa, hacedlo todo para la <u>gloria</u> de Dios.**"*

✎ I Pedro 1:15-16 - *"**como aquel que os llamó es santo, sed también vosotros <u>santos</u> en toda vuestra manera de vivir;**"*

3. La Biblia enseña que el <u>poder</u> para la vida Cristiana es dado al creyente por la gracia de Dios y realizado cuando el creyente permite que Jesucristo y el Espíritu Santo trabajen en y a través de su vida *(Rom. 6:1-22, I Cor. 15:10, Tito 2:11-14, I Ped. 5:10-11, Heb. 13:20-21, Juan 15:1-8, II Cor. 4:10-11, Efe. 2:10, 3:14-21, Fil. 2:12-13, Col. 1:27-29, II Cor. 4:16-18, Gál 5:22-26).*

✎ Juan 15:1-8 - " ***Permaneced** en mí, y yo en vosotros ... Si permanecéis en mí, y mis palabras permanecen en vosotros, pedid todo lo que queréis, y os será hecho. En esto es glorificado mi Padre, en que llevéis mucho fruto, y seáis así mis discípulos.*"

✎ Filipenses 2:12-13 - *"porque Dios es el que en vosotros produce así el <u>querer</u> como el <u>hacer</u>, por su buena voluntad.*"

✎ Colosenses 1:27-29 - *"que es Cristo <u>en</u> vosotros,*"

✎ Gálatas 5:22-26 - *"Mas el <u>fruto</u> del Espíritu es amor, gozo, paz, paciencia, benignidad, bondad, fe, mansedumbre, templanza;*"

4. La Biblia enseña que el plan para la vida Cristiana es la <u>madurez</u> del creyente a través de la <u>Palabra</u> de Dios por el conocimiento de Dios *(Juan 8:31-32, 17:17-23, Efe. 5:23-27, Col. 1:9-12, 2:2-3, 3:10, 16, II Tim. 3:14-17, II Ped. 1:2-4 3:16).*

✎ Juan 8:31-32 - *"Si vosotros permaneciereis en mi <u>palabra</u>, seréis verdaderamente mis discípulos;"*

✎ II Timoteo 3:14-17 - *"desde la niñez has sabido las Sagradas Escrituras, las cuales te pueden hacer sabio para la salvación por la fe que es en Cristo Jesús. Toda la Escritura es inspirada por Dios ... a fin de que el hombre de Dios sea <u>perfecto</u>, enteramente <u>preparado</u> para toda buena obra."*

✎ II Pedro 1:2-4 - *"Gracia y paz os sean multiplicadas, en el <u>conocimiento</u> de Dios y de nuestro Señor Jesús. Como todas las cosas que pertenecen a la <u>vida</u> y a la <u>piedad</u> nos han sido dadas por su divino poder, mediante el conocimiento de aquel que nos llamó"*

5. La Biblia enseña que el proceso de la vida Cristiana es por la <u>Santificación</u> <u>Progresiva</u> en que el creyente está continuamente separandose del pecado y hasta de Dios *(Juan 17:17, Efe. 5:23-27, Tito 2:11-14).*

✎ Juan 17:17 - *"Santifícalos en tu verdad; tu <u>palabra</u> es verdad."*

a. La Biblia enseña que la Santificación Progresiva incluye la separación de las filosofías y prácticas mundanas *(II Tim. 2:19-21, Sant. 4:4, I Juan 2:15-17)*.

✎ II Timoteo 2:19-21 - *"Apártese de **iniquidad** todo aquel que invoca el nombre de Cristo ... si alguno se limpia de estas cosas, será instrumento para honra, santificado, útil al Señor, y dispuesto para toda buena obra."*

✎ I Juan 2:15-17 - *"No améis al **mundo**, ni las **cosas** que están en el mundo. Si alguno ama al mundo, el amor del Padre no está en él ... Y el mundo pasa, y sus deseos; pero el que **hace** la voluntad de Dios **permanece** para siempre."*

b. La Biblia enseña que la Santificación Progresiva incluye la separación de los creyentes que están en plena desobediencia a los mandatos y las instrucciones de Dios *(Mat. 18:15-22, I Cor. 5:1-13, 15:33-34, II Tim. 2:15-19)*.

✎ I Corintios 5:1-13 - *"os escribí que no os **juntéis** con ninguno que, llamándose hermano, fuere fornicario, o avaro, o idólatra, o maldiciente, o borracho, o ladrón; con el tal ni aun **comáis**."*

✑ II Timoteo 2:15-19 - *"Apártese de iniquidad todo aquel que invoca el nombre de Cristo."*

6. La Biblia enseña que los productos de la vida Cristiana son las buenas <u>obras</u> *(II Cor. 9:8, Efe. 2:10, Col. 1:9-12, I Tim. 5:24-25, Tito 2:14, Heb. 13:20-21).*

✑ II Corintios 9:8 - *"Y poderoso es Dios para hacer que abunde en vosotros toda gracia, a fin de que ... abundéis para toda <u>buena</u> obra;"*

✑ Tito 2:14 - *"para redimirnos de toda iniquidad y purificar para sí un pueblo propio, celoso de <u>buenas</u> obras."*

7. La Biblia enseña que cada creyente dará cuenta delante de Dios para recibir <u>recompensa</u> por su vida Cristiana *(Ecl. 12:13-14, Rom. 14:7-12, I Cor. 3:10-15, II Cor. 5:5-11).*

✑ Romanos 14:7-12 - *"todos compareceremos ante el <u>tribunal</u> de Cristo."*

✑ II Corintios 5:5-11 - *"Porque es necesario que todos nosotros comparezcamos ante el tribunal de Cristo, para que cada uno <u>reciba</u> según lo que haya hecho mientras estaba en el cuerpo, sea bueno o sea malo."*

8. La Biblia enseña que el Dios Padre <u>disciplina</u> a cada creyente que no está viviendo la vida Cristiana según Sus mandatos *(Prov. 3:11-12, Heb. 12:5-13)*.

✎ Proverbios 3:11-12 - *"**Porque Jehová al que ama castiga, Como el padre al hijo a quien quiere.**"*

✎ Hebreos 12:5-13 - *"hijo mío, no menosprecies la disciplina del Señor, i desmayes cuando eres reprendido por él; porque el Señor al que ama, disciplina, azota a todo el que recibe por hijo."*

a. La Biblia enseña que cada creyente hace sus propias <u>decisiones</u> de pecar y que puede cometer los pecados que los incrédulos hacen *(Mar. 7:20-23, I Cor. 5:1, 11, Sant. 1:12-15, I John 5:16-17)*.

✎ Santiago 1:12-15 - *"**Bienaventurado el varón que soporta la tentación ... Cuando alguno es tentado, no diga que es tentado de parte de Dios; porque Dios no puede ser tentado por el mal, ni él tienta a nadie; sino que cada uno es tentado, cuando de su propia concupiscencia es atraído y seducido.**"*

b. La Biblia enseña que la disciplina y el fruto del pecado siempre son <u>duros</u> *(Sal. 32:1-7, Gál. 6:7-8, Sant. 1:12-15, Heb. 12:5-11).*

✎ Gálatas 6:7-8 - *"el que siembra para su <u>carne</u>, de la carne segará corrupción;"*

✎ Santiago 1:12-15 - *"el pecado, siendo consumado, da a luz la <u>muerte</u>."*

✎ Hebreos 12:5-11 - *"Es verdad que ninguna disciplina al presente parece ser causa de gozo, sino de <u>tristeza</u>;"*

c. La Biblia enseña que Dios está siempre preparado para <u>perdonar</u> los pecados y restablecer al creyente a una buena relación *(Sal. 51:1-19, Mat. 6:6-15, I Juan 1:9, Heb. 12:12-13).*

✎ Mateo 6:9-15 - *"Y <u>perdónanos</u> nuestras deudas, como también nosotros perdonamos a nuestros deudores."*

✎ I Juan 1:9 - *"él es fiel y justo para <u>perdonar</u> nuestros pecados,"*

LA IGLESIA
Efesios 3:21, 5:23-32, I Timoteo 3:15

1. La Biblia enseña que la Iglesia local es la unión de los creyentes en el mismo sitio para ministrarle a Dios en su localidad *(Hech. 2:46-47, 14:21-23, 16:4-5, Apoc. 1-4).*

   ✎ Hechos 2:46-47 - *"Y perseverando __unánimes__ cada día en el templo, y partiendo el pan en las casas, comían __juntos__ con alegría y sencillez de corazón, alabando a Dios, y teniendo favor con todo el pueblo. Y el Señor añadía cada día a la __iglesia__ los que habían de ser salvos."*

   ✎ Hechos 16:4-5 - *"Así que las __iglesias__ eran confirmadas en la fe, y aumentaban en número cada día."*

2. La Biblia enseña que la Iglesia local se fundó por la voluntad y el poder de __Dios__ *y que Jesucristo es la cabeza de la iglesia, cual es Su cuerpo (Mat. 16:16-19, Efe. 2:19-20, 5:22-33, Col. 1:17-18, I Tim. 3:15).*

   ✎ Mateo 16:16-19 - *"sobre esta roca edificaré mi __iglesia;__"*

   ✎ Efesios 5:22-33 - *"Cristo es __cabeza__ de la iglesia, la cual es su cuerpo, y él es su Salvador."*

✎ I Timoteo 3:15 - *"la casa de Dios, que es la iglesia del Dios viviente, columna y baluarte de la verdad."*

a. La Biblia enseña que Dios empezó la Iglesia por la venida del Espíritu Santo en el Día de Pentecostés. *(Hech. 2:1-47, 16:4-5, Apoc. 1-3).*

✎ Hechos 2:1-4, 14, 37-38, 41-42, 46-47 - *"Cuando llegó el día de Pentecostés, estaban todos unánimes juntos ... Y fueron todos llenos del Espíritu Santo, ... Así que, los que recibieron su palabra fueron bautizados; y se añadieron aquel día como tres mil personas. Y perseveraban en la doctrina de los apóstoles, en la comunión unos con otros, en el partimiento del pan y en las oraciones."*

b. La Biblia enseña que Dios va a proteger la Iglesia a través de los siglos *(Mat. 16:18).*

✎ Mateo 16:18 - *"edificaré mi iglesia; y las puertas del Hades no prevalecerán contra ella."*

c. La Biblia enseña que Dios le dio la <u>autoridad</u> y la <u>verdad</u> para hoy en día a la Iglesia *(Mat. 16:19, 18:15-20, I Tim. 3:15).*

✎ Mateo 16:19 - *"Y a ti te daré las <u>llaves</u> del reino de los cielos;"*

✎ I Timoteo 3:15 - *"la iglesia del Dios viviente, <u>columna</u> y <u>baluarte</u> de la verdad."*

d. La Biblia enseña que Dios dio Su Palabra como la fuente para toda la <u>doctrina</u> y <u>práctica</u> en la Iglesia *(Rom. 10:17, II Tim. 3:16-17, II Ped. 1:2-4, 15-21).*

✎ Romanos 10:17 - *"Así que la fe es por ... la <u>palabra</u> de Dios."*

✎ II Pedro 1:2-4, 15-21 - *"Como todas las cosas que pertenecen a la <u>vida</u> y a la <u>piedad</u> nos han sido dadas por su divino poder ... por medio de las cuales nos ha dado preciosas y grandísimas promesas"*

3. La Biblia enseña que la membresía de la Iglesia consta únicamente de aquellos que son regenerados por fe en la obra completa de Jesucristo como el Salvador, bautizados por inmersión en el agua públicamente como testimonio de su salvación e identificación con Jesucristo y unidos a la congregación de los creyentes en la Iglesia local *(Hech. 2:37-47)*.

✎ Hechos 2:37-47 - *"Así que, los que recibieron su palabra fueron bautizados; y se añadieron aquel día como tres mil personas."*

4. La Biblia enseña que la Iglesia local debe consistir de miembros creyentes quienes se dedican para trabajar en unidad según la voluntad de la Cabeza del cuerpo, quien es Jesucristo *(Rom. 12:3-5, I Cor. 12:12-31, Efe. 4:15-16, 5:22-33)*.

✎ I Corintios 12:12-14, 25-27 - *"Porque así como el cuerpo es uno, y tiene muchos miembros, pero todos los miembros del cuerpo, siendo muchos, son un solo cuerpo, así también Cristo ... De manera que si un miembro padece, todos los miembros se duelen con él, y si un miembro recibe honra, todos los miembros con él se gozan. Vosotros, pues, sois el cuerpo de Cristo, y miembros cada uno en particular."*

5. La Biblia enseña que la Iglesia local tiene la meta de glorificar a Dios *(Efes. 3:21).*

✎ Efesios 3:21 - *"a él sea gloria en la iglesia en Cristo Jesús"*

a. La Biblia enseña que la Iglesia glorifica a Dios por mantener la separación del mundo y las enseñanzas falsas, lo cual incluye la disciplina de los miembros en pecado sin arrepentimiento con el propósito de su restauración *(Gál. 1:6-12, II Tes. 3:14-15, Tito 3:9-11, I Juan 2:18-19, II Juan 1:7-11, Jud. 3-4 / Mat. 18:15-20, I Cor. 5:1-13, II Cor. 2:6-11, Gál. 5:19-21, 6:1-5, II Tes. 3:14-15, II Tim. 2:24-26).*

✎ Gálatas 1:6-12 -*"Si alguno os predica diferente evangelio del que habéis recibido, sea anatema."*

✎ Tito 3:9-11 - *"Al hombre que cause divisiones, después de una y otra amonestación deséchalo,"*

b. La Biblia enseña que la Iglesia glorifica a Dios por edificar a cada creyente en la enseñanza de Dios para que puedan vivir en el mundo con un buen testimonio *(Hech. 16:4-5, Efes. 4:11-13, Heb. 10:21-25).*

✎ Hebreos 10:21-25 - *"Y considerémonos unos a otros para estimularnos al amor y a las buenas obras;"*

c. La Biblia enseña que la Iglesia glorifica a Dios por <u>trabajar</u> en unidad para evangelizar al mundo con el evangelio de Jesucristo *(Mat. 28:18-20, Mar. 16:14-18, Hech. 1:8-4:31, 13:1-4, 15:36-41, 18:23)*.

✎ Mateo 28:18-20 -*"**Por tanto, id, y haced <u>discípulos</u> a todas las naciones,**"*

✎ Hechos 1:8 - *"**me seréis <u>testigos</u> en Jerusalén, en toda Judea, en Samaria, y hasta lo último de la tierra.**"*

6. La Biblia enseña que la Iglesia local tiene toda la <u>autonomía</u> de las otras juntas y sistemas humanos, lo cual incluye la separación del Estado y la Iglesia en su autoridad y gobierno *(I Tim. 3:14-15, Efe. 4:15-26, 5:22-23 / Mat. 22:17-21, Rom. 13:1-7, Efe. 4:11-13, Hech. 5:15-32)*.

✎ Mateo 22:17-21 - *"**Dad, pues, a <u>César</u> lo que es de César, y a <u>Dios</u> lo que es de Dios.**"*

✎ Hechos 5:15-32 - *"**Cuando los trajeron, los presentaron en el concilio, y el sumo sacerdote ... Pedro y los apóstoles, dijeron: Es necesario obedecer a <u>Dios</u> antes que a los hombres.**"*

7. La Biblia enseña que la Iglesia local tiene el mandato y la autoridad de observar las dos ordenanzas en memoria de la obra completa de Jesucristo para la salvación *(Mat. 28:18-20, I Cor. 11:23-26)*.

✎ Mateo 28:18-20 - *"**bautizándolos en el nombre** del Padre, y del Hijo, y del Espíritu Santo;"*

✎ I Corintios 11:23-26 - *"haced esto en **memoria** de mí."*

a. La Biblia enseña que la cena del Señor no tiene ningún poder de salvación en sí, sino para recordar el cuerpo roto y sangre derramada de Jesucristo como el pago por los pecados para la salvación *(Mat. 26:26-30, I Cor. 11:23-33)*.

✎ Mateo 26:26-30 - *"Y mientras comían, tomó Jesús el pan, y bendijo, y lo partió, y dio a sus discípulos, y dijo: Tomad, **comed**; esto es mi cuerpo ... **Bebed de ella todos;"***

b. La Biblia enseña que el <u>bautismo</u> no tiene ningún poder de salvación en sí, sino es un testimonio público de la dependencia y la identificación del creyente con la muerte, el entierro y la resurrección de Jesucristo como el único y suficiente pago de sus pecados para ganar la vida eterna *(Mat. 28:18-20, Hech. 2:40-42, 8:35-38).*

✐ Hechos 8:35-38 - *"Y yendo por el camino, llegaron a cierta agua, y dijo el eunuco: Aquí hay agua; ¿qué impide que yo sea <u>bautizado</u>? Felipe dijo: Si crees de todo corazón, bien puedes. Y respondiendo, dijo: Creo que Jesucristo es el Hijo de Dios. Y mandó parar el carro; y descendieron ambos al agua, Felipe y el eunuco, y le <u>bautizó</u>."*

8. La Biblia enseña que la Iglesia local tiene dos <u>oficiales</u>: el Pastor y el Diácono *(Fil. 1:1).*

✐ Filipenses 1:1 - *"están en Filipos, con los <u>obispos</u> y <u>diáconos</u>:"*

a. La Biblia enseña que el <u>Pastor</u> (los Pastores) es dado por Dios a la Iglesia, según los requisitos espirituales señalados en I Timoteo 3:1-7 y Tito 1:5-9, como el liderazgo humano para proteger y dirigir la grey de Dios en unidad según la Palabra de Dios *(Efe. 4:11-16, I Ped. 5:1-4).*

✎ I Timoteo 3:1-7 - *"Si alguno anhela obispado, buena obra desea. Pero es necesario que el obispo <u>sea</u> irreprensible"*

✎ Efesios 4:11-16 - *"Y él mismo constituyó a unos, apóstoles; a otros, profetas; a otros, evangelistas; a otros, <u>pastores</u> y <u>maestros</u>, a fin de perfeccionar a los santos para la obra del ministerio,"*

b. La Biblia enseña que el <u>Diácono</u> (los Diáconos) es elegido por la congregación y aprobado por el Pastor, según los requisitos espirituales señalados en Hechos 6:3 y I Timoteo 3:8-12, como siervo en la administración de los ministerios de la Iglesia *(Hech. 6:1-7, I Tim. 3:13).*

✎ I Timoteo 3:8-12 - *"Los diáconos asimismo deben <u>ser</u> ... Y éstos también sean sometidos a <u>prueba</u> primero, y entonces ejerzan el diaconado, si son <u>irreprensibles</u>."*

✎ Hechos 6:1-7 - *"Buscad, pues, hermanos, de entre vosotros a siete varones de buen <u>testimonio</u> ... y eligieron ... a los cuales <u>presentaron</u> ante los apóstoles, quienes, orando, les impusieron las manos."*

LA ADORACIÓN
Mateo 4:8-11, Juan 4:20-24

1. La Biblia enseña que la adoración pertenece a <u>Dios</u> y es la glorificación de Él por la reverencia de Quien es Él *(Mat. 4:10-11, Luc. 24:49-53, Hech. 10:25-26, Apo. 4:8-11, 15:4, 19:4, 22:8-9)* y lo que hace *(Gen. 24:21-27, 48, Exó. 4:29-31, Sal 86:9-10, Mat. 14:32-33, Apo. 14:6-7, 22:8-9).*

   ✎ Mateo 4:10 - *"**Entonces Jesús le dijo: Vete, Satanás, porque escrito está: Al Señor tu Dios <u>adorarás</u>, y a él <u>sólo</u> servirás.**"*

   ✎ Apocalipsis 4:8-11 - *"**Y siempre que aquellos seres vivientes dan <u>gloria</u> y <u>honra</u> y acción de <u>gracias</u> al que está sentado en el trono,**"*

   ✎ Apocalipsis 14:6-7 - *"**Diciendo a gran voz: Temed a Dios, y dadle gloria, porque la hora de su juicio ha llegado; y <u>adorad</u> a aquel que hizo el cielo y la tierra, el mar y las fuentes de las aguas.**"*

2. La Biblia enseña que la adoración para Dios es algo espiritual y tiene que ser según Su santidad como revelado en Su Palabra *(I Crón. 16:29, Sal. 29:1-2, 96:6-9, Juan 4:20-24, Fil. 3:3).*

    ✎ Salmos 29:1-2 - *"Dad a Jehová la gloria debida a su nombre; Adorad a Jehová en la hermosura de la santidad."*

    ✎ Salmos 96:6-9 - *"Tributad a Jehová, oh familias de los pueblos, Dad a Jehová la gloria y el poder. Dad a Jehová la honra debida a su nombre; Traed ofrendas, y venid a sus atrios. Adorad a Jehová en la hermosura de la santidad; Temed delante de él, toda la tierra."*

    ✎ Juan 4:20-24 - *"Mas la hora viene, y ahora es, cuando los verdaderos adoradores adorarán al Padre en espíritu y en verdad; porque también el Padre tales adoradores busca que le adoren. Dios es Espíritu; y los que le adoran, en espíritu y en verdad es necesario que adoren."*

3. La Biblia enseña que adoración verdadera no es determinada por como los <u>hombres</u> piensen ni se sientan, sino como Dios lo <u>acepta</u> según Su santidad, y por lo tanto ningún creyente ni la Iglesia puede adorar a Dios si está siguiendo las filosofías de hombres y viviendo contra Su Palabra *(Mat. 15:7-9, Mar. 7:5-9, Hech. 17:23-28, Rom. 1:24-25, Col. 2:18-23).*

✎ Mateo 15:7-9 - *"Este pueblo de labios me honra; Mas su corazón está lejos de mí. Pues en vano me honran, Enseñando como doctrinas, mandamientos de <u>hombres</u>."*

✎ Colosenses 2:18-23 - *"(en conformidad a mandamientos y doctrinas de <u>hombres</u>), cosas que todas se destruyen con el uso?"*

4. La Biblia enseña que hay adoraciones que tenemos que <u>rechazar</u> porque son para dioses falsos y cosas mundanas *(Jues. 2:19-22, Jer. 1:16, Dan. 3:1-18).*

✎ Jeremías 1:16 - *"Y a causa de toda su maldad ... y la obra de sus <u>manos</u> adoraron."*

✎ Daniel 3:1-18 - *"no serviremos a tus <u>dioses</u>, ni tampoco adoraremos la <u>estatua</u> que has levantado."*

5. La Biblia enseña que la adoración es ilustrada físicamente más que nada en las Escrituras como una acción de inclinarse *(Sal. 95:6, Mat. 2:11, 18:26, 28:9, Apo. 7:11, 11:16)* y representa un corazón de humildad, dependencia, reverencia, acción de gracias y sacrificio *(Gen. 24:26, 48, Deut. 26:10-11, II Cron. 29:27-30, Neh. 9:3, Job 1:20-21, Mat. 2:1-11, Juan 9:38, Apoc. 4:10).*

✎ Salmos 95:6 -*"Venid, adoremos y postrémonos; Arrodillémonos delante de Jehová nuestro Hacedor."*

✎ Apocalipsis 7:11 - *"se postraron sobre sus rostros delante del trono, y adoraron a Dios,"*

✎ II Crónicas 29:27-30 - *"Y cuando acabaron de ofrecer, se inclinó el rey, y todos los que con él estaban, y adoraron."*

6. La Biblia enseña que un día Dios va a recibir la adoración de toda la creación y los hombres *(Sal. 66:4, 86:9-10, Apo. 15:4).*

✎ Salmos 86:9-10 - *"Todas las naciones que hiciste vendrán y adorarán delante de ti, Señor,"*

✎ Apocalipsis 15:4 - *"todas las naciones vendrán y te adorarán,"*

EL EVANGELISMO Y LAS MISIONES
Mateo 28:18-20, II Corintios 5:14-20

1. La Biblia enseña que el evangelismo y las misiones son importantes porque sin el mensaje del evangelio cada persona estará <u>condenada</u>, sin la vida eterna *(Juan 3:16-21, 14:6-7, Rom. 1:18-32, 10:13-17, Efe. 2:8-9).*

   ✎ Juan 3:16-21 - *"Porque de tal manera amó Dios al mundo, que ha dado a su Hijo unigénito, para que todo aquel que en él cree, no se <u>pierda</u>, mas tenga vida eterna ... El que en él cree, no es <u>condenado</u>; pero el que no cree, ya ha sido <u>condenado</u>, porque no ha creído en el nombre del unigénito Hijo de Dios."*

   ✎ Romanos 1:18-32 - *"Porque las cosas invisibles de él, su eterno poder y deidad, se hacen claramente visibles desde la creación del mundo, siendo entendidas por medio de las cosas hechas, de modo que no tienen <u>excusa</u>."*

   ✎ Romanos 10:13-17 - *porque todo aquel que invocare el nombre del Señor, será salvo. ¿Cómo, pues, invocarán a aquel en el cual no han creído? ¿Y cómo creerán en aquel de quien no han oído? ¿Y cómo oirán sin haber quien les <u>predique</u>? ¿Y cómo predicarán si* *no fueren enviados? ... Así que la fe es por el oír, y el oír, por la palabra de Dios."*

2. La Biblia enseña que participar en el evangelismo del mundo por anunciar la buena noticia de la salvación de Jesucristo alrededor de ellos es la responsabilidad de cada creyente *(Juan 17:9-18, 20:21, Hech. 26:16-18, II Cor. 5:14-20).*

✎ Juan 17:9-18 - *"Como tú me enviaste al mundo, así yo los he enviado al mundo."*

✎ Juan 20:21 - *"Entonces Jesús les dijo otra vez: Paz a vosotros. Como me envió el Padre, así también yo os envío."*

✎ II Corintios 5:14-20 - *"Así que, somos embajadores en nombre de Cristo,"*

3. La Biblia enseña que la Iglesia debe ser el lugar en lo cual los creyentes pueden trabajar juntos en el evangelismo del mundo, no únicamente en su propio pueblo, pero para ayudar a enviar misioneros (ministro del evangelio) a través de todo el mundo y cumplir la Gran Comisión que es la responsabilidad de la Iglesia *(Mat. 28:18-20, Mar. 16:15-18, Hech. 13:1-4, Rom. 10:13-17).*

✎ Mateo 28:18-20 - *"Por tanto, id, y haced discípulos a todas las naciones, bautizándolos en el nombre del Padre, y del Hijo, y del Espíritu Santo"*

✎ Hechos 13:1-4 - *"Había entonces en la iglesia que estaba en Antioquía, profetas y*

maestros ... habiendo ayunado y orado, les impusieron las manos y los despidieron."
✎ Romanos 10:13-17 - *"¿Y cómo predicarán si no fueren enviados?"*

a. La Biblia enseña que la Gran Comisión demanda la presentación del Evangelio para producir el arrepentimiento del pecado y fe en la obra de Jesucristo para la salvación *(Mar. 16:15-18, Luc. 24:46-49, Rom. 1:15-17, I Cor. 1:17-24).*

✎ Romanos 1:15-17 - *"no me avergüenzo del evangelio, porque es poder de Dios para salvación a todo aquel que cree;"*
✎ I Corintios 15:1-4, 55-58 - *"Además os declaro, hermanos, el evangelio ... Que Cristo murió por nuestros pecados, conforme a las Escrituras; y que fue sepultado, y que resucitó al tercer día, conforme a las Escrituras;"*

b. La Biblia enseña que la Gran Comisión demanda la instrucción de la Palabra de Dios para producir discípulos de Jesucristo (Mat. 28:18-20, Juan 8:31-32, Tito 2:10-15, Hech. 14:21-23).

✎ Juan 8:31-32 - *"Si vosotros permaneciereis en mi palabra, seréis verdaderamente mis discípulos;"*

89

✎ Romanos 10:15-17 - "*Así que la fe es por el oír, y el oír, por la* palabra *de Dios.*"

4. La Biblia enseña que la Iglesia es el lugar principal para recoger las ofrendas que van a apoyar los misioneros, sus ministerios y los santos en necesidad *(Hech. 11:28-30, Rom. 15:25-28, I Cor. 16:1-3, II Cor. 8:1-9:15, Fil. 4:15-17).*

    ✎ Hechos 11:28-30 - "*Entonces los discípulos, cada uno conforme a lo que tenía, determinaron enviar* socorro *a los hermanos que habitaban en Judea;*"

    ✎ I Corintios 16:1-3 - "*En cuanto a la* ofrenda *para los santos, haced vosotros también de la manera que ordené en las iglesias de Galacia.*"

    a. La Biblia enseña que las ofrendas deben ser dadas por cada persona según su propia habilidad y deseo *(II Cor. 8:1-5, 9:7, Rom. 12:8).*

        ✎ II Corintios 8:1-5 - "*Pues doy testimonio de que con agrado han dado conforme a sus* fuerzas*, y aun más allá de sus fuerzas,*"

        ✎ II Corintios 9:7 - "*Cada uno dé como propuso en su* corazón*: no con tristeza, ni por necesidad, porque Dios ama al dador alegre.*"

b. La Biblia enseña que Dios promete <u>proveer</u> las necesidades personales cuando una persona se sacrifique bíblicamente por el ministerio de las misiones *(Fil. 4:15-20).*

✎ Filipenses 4:15-20 - *"**Mi Dios, pues, <u>suplirá</u> todo lo que os falta conforme a sus riquezas en gloria en Cristo Jesús.**"*

c. La Biblia enseña que por el apoyo físico, una persona recibirá la recompensa del <u>fruto</u> espiritual *(Rom. 15:25-28, Fil. 4:15-17, III Juan 1:5-8).*

✎ Filipenses 4:15-17 - *"**No es que busque dádivas, sino que busco <u>fruto</u> que abunde en vuestra cuenta.**"*

✎ III Juan 1:5-8 - *"**Porque ellos salieron por amor del nombre de El, sin aceptar nada de los gentiles. Nosotros, pues, debemos acoger a tales personas, para que <u>cooperemos</u> con la verdad.**"*

d. La Biblia enseña que los que reciben el apoyo deben estar <u>agradecidos,</u> <u>alabar</u> a Dios y <u>orar</u> por los que les apoyan *(II Cor. 9:11-15).*

✎ II Corintios 9:11-15 - *"**también abunda en muchas acciones de <u>gracias</u> a Dios; pues por la experiencia de esta ministración glorifican a Dios por la obediencia que profesáis al evangelio de Cristo ... asimismo en la <u>oración</u> de ellos por vosotros,**"*

✎ Filipenses 4:15-20 - "*No es que busque dádivas, sino que busco fruto que abunde en vuestra cuenta.*"

5. La Biblia enseña que los creyentes participan en el Evangelismo y las Misiones al <u>orar</u> por los Ministros y por aquellos que están recibiendo el ministerio *(Mat. 9:35-38, Rom. 15:30-32, I Cor. 1:8-11, II Cor. 4:7-12, Efe. 6:18-20, Fil. 1:22, Col. 4:2-4, I Tes. 5:25, II Tes. 3:1-2, Heb. 13:18).*

✎ Mateo 9:35-38 - "*A la verdad la mies es mucha, mas los obreros pocos. Rogad, pues, al Señor de la mies, que envíe obreros a su mies.*"

✎ Efesios 6:18-20 - "*orando ... por <u>mí</u>, a fin de que al abrir mi boca me sea dada palabra*"

LA SEPARACIÓN
Mateo 7:15-23, II Corintios 6:14-18

1. La Biblia enseña que la separación no es algo <u>fácil</u> ni que produce gozo, sino es <u>necesaria</u> para proteger el ministerio de las influencias mundanas y filosofías humanas para que ésta pueda ser usada por Dios para avanzar la Fe en representación correcta de la Santidad de Dios *(Mat. 5:13-16, I Cor. 15:33, II Cor. 6:14-18, Fil. 3:17-19, II Tim. 2:19-21).*

   ✎ II Corintios 6:14-18 - *"Por lo cual, <u>salid</u> de en medio de ellos, y <u>apartaos</u>, dice el Señor, y no <u>toquéis</u> lo inmundo; y yo os recibiré, y seré para vosotros por Padre, y vosotros me seréis hijos e hijas, dice el Señor Todopoderoso."*

   ✎ Filipenses 3:17-19 - *"Porque por ahí andan muchos, de los cuales os dije muchas veces, y aun ahora lo digo <u>llorando</u>, que son enemigos de la cruz de Cristo; el fin de los cuales será perdición, cuyo dios es el vientre, y cuya gloria es su vergüenza; que sólo piensan en lo terrenal."*

2. La Biblia enseña que no debemos compartir el ministerio con cualquier persona o grupo que no esté de acuerdo en que Jesucristo es el Hijo de Dios en la carne y la única fuente de salvación para el pecado *(I Juan 2:22-24, 4:1-3, II Juan 1:7-11)*.

✎ I Juan 2:22-24 - *"¿Quién es el mentiroso, sino el que niega que Jesús es el Cristo? Este es anticristo, el que niega al Padre y al Hijo."*

✎ II Juan 1:7-11 - *"Si alguno viene a vosotros, y no trae esta doctrina, no lo recibáis en casa, ni le digáis: ¡Bienvenido!"*

3. La Biblia enseña que no debemos compartir el ministerio con cualquier persona o grupo que enseñe doctrina o práctica diferente de que es revelada claramente por la Palabra de Dios y que cause daño al nombre de Dios y división en la Iglesia *(Mat. 7:15-23, Hech. 20:28-32, Rom. 16:17-20, Gál 1:6-12, II Tes. 3:14-15, Tito 3:9-11, II Ped. 2:1-22, I Juan 2:18-19, Jud. 1:3-25)*. Las doctrinas y prácticas que son los estándares para la separación, pero no limitadas de:

✎ Mateo 7:15-23 - *"Guardaos de los falsos profetas, que vienen a vosotros con vestidos de ovejas, pero por dentro son lobos rapaces."*

✎ II Tesalonicenses 3:14-15 - *"Si alguno no obedece a lo que decimos por medio de esta carta, a ése señaladlo, y no os juntéis con él,"*

a. Las <u>Distintivas</u> <u>Bautistas</u> – Las ocho (8) distintivas, las cuales son aceptadas como las creencias básicas por los Bautistas.

i. La <u>Biblia</u> es la única y final autoridad de toda la fe y práctica para los creyentes *(Juan 17:17, Rom. 10:17, II Tim. 3:14-17, II Ped. 1:2-4, 15-21, Heb. 4:12).*

✎ II Timoteo 3:16-17 - *"Toda la Escritura es inspirada por Dios, ... a fin de que el hombre de Dios sea perfecto,"*

✎ II Pedro 1:2-4, 17-21 - *"Como todas las cosas que pertenecen a la <u>vida</u> y a la <u>piedad</u> nos han sido dadas por su divino poder, mediante el conocimiento de aquel que nos llamó por su gloria y excelencia, por medio de las cuales nos ha dado preciosas y grandísimas promesas, para que por ellas llegaseis a ser participantes de la naturaleza divina,"*

ii. La administración de las dos <u>Ordenanzas</u> del Bautismo por inmersión en agua y la Cena del Señor pertenecen a la iglesia local (Mat. 26:26-30, 28:18-20, Hech. 2:40-42, I Cor. 11:23-33).

> ✎ Hechos 2:40-41 - *"Así que, los que recibieron su palabra fueron <u>bautizados;</u>"*
> ✎ I Corintios 11:23-26 - *"Que el Señor Jesús, la noche que fue entregado, tomó pan ... y dijo: Tomad, comed ... también la copa, ... la bebiereis, en <u>memoria</u> de mí."*

iii. Únicamente los <u>Regenerados</u> deben ser miembros de la iglesia local (Hech. 2:41, 47, Efe. 4:11-13).

> ✎ Hechos 2:41, 47 - *"Así que, los que recibieron su palabra fueron bautizados; y se <u>añadieron</u> aquel día como tres mil personas ... Y el Señor <u>añadía</u> cada día a la iglesia los que habían de ser <u>salvos.</u>"*
> ✎ Efesios 4:11-13 - *"a fin de perfeccionar a los <u>santos</u> para la obra del ministerio, para la edificación del cuerpo de Cristo,"*

iv. Toda <u>Autonomía</u> de cada iglesia local pertenece en sí a Jesucristo como la cabeza y no hay otra junta, sistema humano o iglesia encima de ella (I Tim. 3:14-15, Efe. 4:15-16, 5:22-33).

    ✎ I Timoteo 3:14-15 - *"la casa de Dios, que es la <u>iglesia</u> del Dios viviente, columna y baluarte de la verdad."*

    ✎ Efesios 5:22-23- *"Cristo es <u>cabeza</u> de la iglesia, la cual es su cuerpo, y él es su Salvador."*

v. La iglesia local contiene dos <u>Oficiales</u> - el Pastor (Obispo o Anciano) y el Diácono (Hech. 6:1-7, I Tim. 3:1-16, Tito 1:5-9, Efe. 4:7-16, Fil. 1:1, I Ped. 5:1-4).

    ✎ I Timoteo 3:1-2, 8, 13 - *"Si alguno anhela <u>obispado</u>, buena obra desea ... Los <u>diáconos</u> asimismo"*

    ✎ Filipenses 1:1 - *"a todos los santos en Cristo Jesús que están en Filipos, con los <u>obispos</u> y <u>diáconos:</u>"*

    ✎ I Pedro 5:1-4 - *"Ruego a los ancianos que están entre vosotros ... <u>Apacentad</u> la grey de Dios que está entre vosotros ... Y cuando aparezca el Príncipe de los*

> *pastores, vosotros recibiréis la corona incorruptible de gloria.*"

vi. El <u>Sacerdocio</u> de cada creyente le pertenece a sí mismo en su relación con Dios (Heb. 10:19-21, I Juan 1:9, Apo. 1:5-6).

✎ Hebreos 10:19-21 - *"Así que, hermanos, teniendo libertad para entrar en el <u>Lugar Santísimo</u> por la sangre de Jesucristo,"*

✎ I Juan 1:9 - *"Si <u>confesamos</u> nuestros pecados, él es fiel y justo para perdonar nuestros pecados,"*

✎ Apocalipsis 1:5-6 - *"nos hizo reyes y <u>sacerdotes</u> para Dios,"*

vii. Toda <u>Libertad</u> de cada alma pertenece a sí misma para vivir según las escrituras y para dar cuenta a Dios personalmente *(Juan 16:12-14, I John 2:27, Hech. 5:29, Rom. 14:1-12, Gál. 5:1, 13, I Ped. 2:16).*

✎ I Juan 2:27 - *"Pero la <u>unción</u> que vosotros recibisteis de él permanece en vosotros, y no tenéis necesidad de que nadie os enseñe;"*

✎ Gálatas 5:1, 13 *"a <u>libertad</u> fuisteis llamados; solamente que no uséis la libertad como ocasión para la carne, sino <u>servíos</u> por amor los unos a los otros."*

✎ I Pedro 2:16 - "*como libres, pero no como los que tienen la libertad como pretexto para hacer lo malo, sino como siervos de Dios.*"

viii. La Autoridad de la iglesia y el estado son separadas *(Mat. 22:17-21, Rom. 13:1-7, Efe. 4:11-13, Hech. 5:15-21, 5:22-32).*

✎ Mateo 22:17-21 - "*De César. Y les dijo: Dad, pues, a César lo que es de César, y a Dios lo que es de Dios.*"

✎ Romanos 13:1-7 - "*Sométase toda persona a las autoridades superiores; porque no hay autoridad sino de parte de Dios,*"

✎ Efesios 4:11-13 - "*Y él mismo constituyó a unos ... a fin de perfeccionar a los santos para la obra del ministerio, para la edificación del cuerpo de Cristo,*"

b. Los Fundamentos de la Fe – Las cinco (5) creencias que son aceptadas por la historia como las más básicas por los Fundamentalistas.

i. La Biblia en sus 66 libros es la Palabra autoritaria de Dios *(Rom. 10:17, II Tim. 3:14-17, II Ped. 1:2-4, 15-21).*

✎ II Timoteo 3:14-17 - "*Toda la Escritura es inspirada por Dios,*"

✎ II Pedro 1:2-4, 15-21 - *"porque nunca la profecía fue traída por voluntad humana, sino que los santos hombres de Dios hablaron siendo <u>inspirados</u> por el Espíritu Santo."*

ii. Jesucristo nació de una <u>virgen</u> *(Isa. 7:14, Mat. 1:19-25, Luc. 1-2:40, Gál. 4:4).*

✎ Isaías 7:14 - *"He aquí que la <u>virgen</u> concebirá, y dará a luz un hijo, y llamará su nombre Emanuel."*

✎ Lucas 1-2:10 - *"¿Cómo será esto? pues no <u>conozco</u> varón."*

iii. La salvación es únicamente por la <u>fe</u> en Jesucristo *(Mat. 9:13, Luc. 13:1-5, Juan 3:1-18, 5:24, 14:6, Rom. 1:16, 3:22-28, 10:9-13, Hech. 8:35-38, 16:30-32, 20:2-11, I Cor. 15:1-4, Efe. 2:1-10, Heb. 4:1-3, 6:1).*

✎ Juan 3:1-18 - *"para que todo aquel que en él <u>cree</u>, no se pierda, mas tenga vida eterna."*

✎ Efesios 2:1-10 - *"Porque por gracia sois salvos por medio de la <u>fe</u>; y esto no de vosotros, pues es don de Dios;"*

iv. Jesucristo murió, fue enterrado y resucitó físicamente según las profecías en las Escrituras *(Luc. 24:1-8, 46-47, Hech. 1:3, 13:23-39, I Cor. 15:1-26)*.

✎ Lucas 24:1-8 - "*Es necesario que el Hijo del Hombre sea entregado en manos de hombres pecadores, y que sea crucificado, y resucite al tercer día.*"

✎ I Corintios 15:1-26 - "*Que Cristo murió por nuestros pecados, conforme a las Escrituras; y que fue sepultado, y que resucitó al tercer día, conforme a las Escrituras;*"

v. Jesucristo va a volver al mundo físicamente para recoger a los creyentes *(I Tes. 1:10, 4:13-18, 5:9, Tito 2:13-14, I Juan 3:1-3)* y después establecer Su reino para sentarse en el trono de David *(Isa. 9:6-7, Luc. 1:30-33, Apo. 20:4)*.

✎ I Tesalonicenses 4:10-18 - "*Porque el Señor mismo con voz de mando, con voz de arcángel, y con trompeta de Dios, descenderá del cielo; y los muertos en Cristo resucitarán primero. Luego nosotros los que vivimos, los que hayamos quedado, seremos*"

arrebatados juntamente con ellos
en las nubes"

✎ Lucas 1:30-33 - "*y el Señor Dios le
dará el trono de David su padre;*"

c. Los dones espirituales – Los dones
espirituales son dados a los creyentes por el
Espíritu Santo para la edificación de toda la
Iglesia *(Rom. 12:4-8, I Cor. 12-14, Heb.
2:3-4).*
*Hay algunos de los dones que cesaron
cuando la palabra de Dios fue terminada, los
cuales no son usados hoy en día.

✎ Romanos 12:4-8 - "*De manera que,
teniendo diferentes dones, según la
gracia que nos es dada,*"

✎ I Corintios 12:1-11, 28-31 - "*Pero a
cada uno le es dada la manifestación
del Espíritu para provecho.*"

✎ I Corintios 13:1-3, 8-13 - "*las profecías
se acabarán, y cesarán las lenguas, y la
ciencia acabará. Porque en parte
conocemos, y en parte profetizamos;
mas cuando venga lo perfecto, entonces
lo que es en parte se acabará.*"

✎ Hebreos 2:3-4 - "*testificando Dios
juntamente con ellos, con señales y
prodigios y diversos milagros y
repartimientos del Espíritu Santo según
su voluntad.*"

d. Las Prácticas Piadosas - Hay practicas privadas y publicas que prueben una vida y un ministerio dedicado a Dios. *(II Cor. 1:12, Col. 2:8, I Tes. 2:3-5, I Ped. 1:13-19, 2:11-12, II Pet. 3:11-12)*

✎ II Corintios 1:12 - *"el testimonio de nuestra conciencia, que con sencillez y sinceridad de Dios, no con sabiduría humana, sino con la gracia de Dios, nos hemos conducido en el mundo, y mucho más con vosotros."*

✎ II Corintios 2:17 - *"Pues no somos como muchos, que medran falsificando la palabra de Dios, sino que con sinceridad, como de parte de Dios, y delante de Dios, hablamos en Cristo."*

✎ I Pedro 1:13-19 - *"como hijos obedientes, no os conforméis a los deseos que antes teníais estando en vuestra ignorancia; sino, como aquel que os llamó es santo, sed también vosotros santos en toda vuestra manera de vivir;"*

i. La interés y obediencia a <u>Palabra</u> de Dios – La Palabra de Dios es la instrucción de Dios para cada área del <u>ministerio</u> y la <u>vida</u> y que tiene preeminencia en todas las áreas *(Sal.1:1-6, Juan 15:7-8, Rom. 10:17, Col. 3:15-17, II Tim. 3:14-17, II Ped. 1:2-4, 15-21, San. 1:21-25).*

✎ Juan 15:7-8 - *"Si permanecéis en mí, y mis palabras <u>permanecen</u> en vosotros ... seáis así mis discípulos."*

✎ Colosenses 3:16-17 - *"La palabra de Cristo <u>more</u> en abundancia en vosotros, enseñándoos y exhortándoos unos a otros en toda sabiduría,"*

✎ Santiago 1:21-25 - *"sed <u>hacedores</u> de la palabra, y no tan solamente oidores, engañándoos a vosotros mismos ... Mas el que mira <u>atentamente</u> en la perfecta ley, la de la libertad, y <u>persevera</u> en ella, no siendo oidor olvidadizo, sino <u>hacedor</u> de la obra, éste será bienaventurado en lo que hace."*

✎ II Pedro 1:2-4, 15-21 - *"Como todas las cosas que pertenecen a la <u>vida</u> y a la <u>piedad</u> nos han sido dadas"*

ii. La vestimenta – La Biblia enseña que los creyentes deben vestirse con ropa distinta, modesta y que represente un corazón humilde y puro *(Deut. 22:5, I Tim. 2:9-10, I Ped. 3:3-5)*. Por lo tanto, las modas del mundo no deben ser las normas para los creyentes *(II Cor. 6:14-18, Tito 2:11-14)*.

✎ Deuteronomio 22:5 - *"No vestirá la mujer traje de hombre, ni el hombre vestirá ropa de mujer;"*

✎ II Pedro 3:3-5 - *"Vuestro atavío no sea el externo de peinados ostentosos,"*

iii. La música – La Biblia enseña que la música fue creada por Dios como una manera de glorificarle *(Sal. 7:17, 13:6)*, por lo tanto es contra la instrucción de la Palabra de Dios para los creyentes que usen música mundana en sus vidas *(II Cor. 6:14-18, Col. 2:8)* y ministerio de Dios, sino que deben seguir el control del Espíritu Santo para cantar *"con gracia en vuestros corazones al Señor con salmos, himnos y cánticos espirituales"* *(Col. 3:16, Efe. 5:19)*.

✎ Salmos 7:17 - *"Alabaré a Jehová conforme a su justicia, Y cantaré al nombre de Jehová el Altísimo."*

✎ Colosenses 3:16 - *"cantando con gracia en vuestros corazones al Señor con <u>salmos</u> e <u>himnos</u> y cánticos <u>espirituales</u>."*

✎ Efesios 5:19 - *"hablando entre vosotros con salmos, con himnos y cánticos espirituales, cantando y alabando al Señor en vuestros <u>corazones</u>;"*

(1) La Biblia enseña que la música fue creada por Dios en presentar un sonido <u>claro</u> para comunicar un mensaje correcto *(I Cor. 14:6-8, 33, 40).* Por lo tanto, La Biblia enseña que las tres partes de la música: la melodía, la armonía y el ritmo tienen su propio lugar en la comunicación del mensaje intencionado a las tres partes del hombre *(I Tes. 5:23).* La melodía tiene el primer lugar para comunicarse con el alma. La armonía tiene el segundo lugar para comunicarse con la mente. El ritmo tiene que tener el último lugar para comunicarse con el cuerpo. Cuando el orden de la música es cambiado, se puede presentar un mensaje mundano que es contra la santidad de Dios *(Exo. 32:17-21).*

✎ I Corintios 14:6-8 - *"como la flauta o la cítara, si no dieren distinción de voces,"*

✎ Éxodos 32:17-21 - *"Cuando oyó Josué el clamor del pueblo que gritaba, dijo a Moisés: Alarido de pelea hay en el campamento. Y él respondió: No es voz de alaridos de fuertes, ni voz de alaridos de débiles; voz de cantar oigo yo."*

(2) La Biblia enseña que las palabras conectadas a la música tienen que presentar la verdad y representan la doctrina y la vida pura en amor para Dios *(Mat. 15:7-9, I Cor .2:4-5, Efe. 4:15, 25, 5:19-20, Col. 3:16, Tito 2:1).*

✎ Mateo 15:7-9 - *"Este pueblo de labios me honra; Mas su corazón está lejos de mí."*

✎ Colosenses 3:16 - *"La palabra de Cristo more en abundancia en vosotros, enseñándoos y exhortándoos unos a otros en toda sabiduría, cantando con gracia en vuestros corazones al Señor con salmos e himnos y cánticos espirituales."*

(3) La Biblia enseña que los músicos quienes presenten la música tienen que tener vidas puras, controladas por el Espíritu Santo y que siempre la presenten para la gloria de Dios y no para la vana gloria del hombre *(II Crón. 7:6, 8:14, Efe. 5:14-21, I Cor. 10:31, Fil. 2:1-3).*

✎ Efesios 5:14-21 - *"antes bien sed llenos del Espíritu, hablando entre vosotros con salmos, con himnos y cánticos espirituales,"*

✎ Filipenses 2:1-3 - *"Nada hagáis por contienda o por vanagloria;"*

iv. La Filosofía Humana – La Biblia enseña que hay costumbres, invenciones, y conceptos humanos que en su forma sencilla no son malos, pero por sus usos y conexiones al mundo no son aceptados porque causan distracciones u ofensas a los demás y representan a Dios en un mal testimonio *(Sal. 106:39-40, Rom. 14:14, I Cor. 6:12, 10:23-24).* De ninguna manera La Biblia enseña que no podamos disfrutar las costumbres y las nuevas ideas para la obra de Dios, sino que estemos atentos en que las mismas estén contra la instrucción de la Palabra de Dios, llevando distracciones o dependencia en el hombre para adorar a Dios *(Rom. 14:14, I Cor. 2:4-5, 6:12, 10:23-24, Col. 2:8).*

✎ Romanos 14:14 -*"nada es <u>inmundo</u> en sí mismo; mas para el que piensa que algo es inmundo, para él lo es."*

✎ I Corintios 2:4-5 - *"ni mi palabra ni mi predicación fue con palabras <u>persuasivas</u> de humana sabiduría"*

✎ I Corintios 10:23-24 -*"Todo me es lícito, pero no todo <u>conviene</u>; todo me es lícito, pero no todo <u>edifica</u>."*

3. La Biblia enseña que no debemos <u>compartir</u> con los creyentes que continúan practicando el pecado en contra de la enseñanza clara de la Palabra de Dios sin arrepentimiento *(Mat. 18:15-22, I Cor. 5:1-13, Gál. 5:19-21).*

✎ I Corintios 5:1-13 - *"no os <u>juntéis</u> con ninguno que, llamándose hermano, fuere fornicario, o avaro, o idólatra, o maldiciente, o borracho, o ladrón; con el tal ni aun <u>comáis</u>."*

LA FAMILIA
Génesis 2:18-25, Efesios 5:22-6:4

1. La Biblia enseña que la familia fue establecida por Dios en el Huerto de Edén y es la unión de un solo hombre y una sola mujer en matrimonio *(Gén. 2:15-25, Mat. 19:3-6)*.

   ✎ Génesis 2:15-25 - *"Y de la costilla que **Jehová Dios tomó del hombre, hizo una mujer, y la <u>trajo</u> al hombre**."*

   ✎ Mateo 19:3-6 - *"**¿No habéis leído que el que los hizo al principio, <u>varón</u> y <u>hembra</u> los hizo, y dijo: Por esto el <u>hombre</u> dejará padre y madre, y se unirá a su <u>mujer</u>, y los dos serán <u>una</u> sola carne?**"*

2. La Biblia enseña que el matrimonio es un <u>pacto</u>, permanente en vida hasta la separación de la muerte, entre el hombre y la mujer, delante de Dios, y que suplanta todas las otras relaciones humanas *(Gén. 2:23-25, Mal. 2:13-16, Mat. 19:3-12, Mar. 10:2-12, Rom. 7:2-3, I Cor. 7:10-16, 27)*.

   ✎ Malaquías 2:13-16 - *"**Porque Jehová ha <u>atestiguado</u> entre ti y la mujer de tu juventud, contra la cual has sido desleal, siendo ella tu compañera, y la mujer de tu <u>pacto</u>.**"*.

✎ Mateo 19:3-12 - *"y dijo: Por esto el hombre dejará padre y madre, y se unirá a su mujer, y los dos serán una sola carne?*

✎ Romanos 7:2-3 - *"Porque la mujer casada está sujeta por la ley al marido mientras éste vive;"*

3. La Biblia enseña que el creyente no debe casarse con un incrédulo *(Deut. 7:3-4, II Cor. 6:14-18)*, pero si ya está casado debe continuar en su matrimonio esperando por la salvación de su cónyuge e hijos *(I Cor. 7:12-17, I Pedro 3:1-6)*.

✎ Deuteronomio 7:3-4 - *"Y no emparentarás con ellas; no darás tu hija a su hijo, ni tomarás a su hija para tu hijo. Porque desviará a tu hijo de en pos de mí, y servirán a dioses ajenos; y el furor de Jehová se encenderá sobre vosotros, y te destruirá pronto."*

✎ II Corintios 6:14-18 - *"No os unáis en yugo desigual con los incrédulos;"*

✎ I Corintios 7:12-17 - *"Si algún hermano tiene mujer que no sea creyente, y ella consiente en vivir con él, no la abandone. Y si una mujer tiene marido que no sea creyente, y él consiente en vivir con ella, no lo abandone."*

4. La Biblia enseña que el divorcio es contra la voluntad de Dios y siempre es el resultado de pecado sin resolver lo que causa daño a la familia entera *(Mal. 2:13-16, Mat. 5:31-32, 19:3-12, Mar. 10:2-12, Luc. 16:18, I Cor. 7:10-16, 27).*

✎ Mateo 19:3-9 - *"por tanto, lo que Dios juntó, no lo __separe__ el hombre ... Por la dureza de vuestro __corazón__ Moisés os permitió repudiar a vuestras mujeres; mas al __principio__ no fue así."*

✎ I Corintios 7:10-16, 27 - *"Que la mujer no se __separe__ del marido ... y que el marido no __abandone__ a su mujer ... ¿Estás ligado a mujer? No procures __soltarte__."*

5. La Biblia enseña que el esposo y esposa son iguales en su valor delante de Dios, aunque tienen diferentes puestos y responsabilidades en la familia *(Gén. 2:7-25, I Cor. 7:1-5, 32-34, 11:3, 11-12, I Tim. 2:12-15).*

✎ I Corintios 7:32-34 - *"el casado tiene cuidado de las cosas del mundo, de cómo __agradar__ a su mujer ... la casada tiene cuidado de las cosas del mundo, de cómo __agradar__ a su marido."*

✎ I Corintios 11:3 - *"Cristo es la __cabeza__ de todo varón, y el varón es la __cabeza__ de la mujer, y Dios la __cabeza__ de Cristo."*

✎ I Corintios 11:11-12 - *"Pero en el Señor, ni el varón es sin la __mujer__, ni la mujer sin el __varón__;"*

a. La Biblia enseña que el esposo debe ser un líder cariñoso que guía y se provea en sacrificio propio por el bienestar de su esposa *(Gén. 3:17, I Cor. 14:34-35, Efe. 5:25-32, Col. 3:19, I Tim. 2:12-14, 5:8, I Ped. 3:7).*

✐ Efesios 5:25-32 - *"porque el marido es cabeza de la mujer, así como Cristo es cabeza de la iglesia, la cual es su cuerpo, y él es su Salvador ... Maridos, amad a vuestras mujeres, así como Cristo amó a la iglesia, y se entregó a sí mismo por ella ... Así también los maridos deben amar a sus mujeres como a sus mismos cuerpos. El que ama a su mujer, a sí mismo se ama."*

✐ I Pedro 3:7 - *"Vosotros, maridos, igualmente, vivid con ellas sabiamente, dando honor a la mujer"*

b. La Biblia enseña que la esposa debe ser una ayuda idónea en sujeción del liderazgo de su esposo *(Gén. 2:18-25, 3:16, Prov. 31:10-31, Efe. 5:22-24, 33, Col. 3:18, Tito 2:1, 3-5, I Ped. 3:1-6).*

✐ Génesis 2:18-25 - *"Y dijo Jehová Dios: No es bueno que el hombre esté solo; le haré ayuda idónea para él."*

✐ Efesios 5:22-24 - *"Las casadas estén sujetas a sus propios maridos, como al Señor; porque el marido es cabeza de la mujer, así como Cristo es cabeza de la* *iglesia, la cual es su cuerpo, y él es su Salvador. Así que, como la iglesia está sujeta a Cristo, así también las casadas lo estén a sus <u>maridos</u> en todo."*

✎ I Pedro 3:1-6 - *"mujeres, estad <u>sujetas</u> a vuestros maridos;"*

2. La Biblia enseña que la relación correcta y bendecida por Dios para tener hijos es el <u>matrimonio</u> y que es la responsabilidad de los padres de instruir y disciplinar a sus hijos según la instrucción de la Palabra de Dios y el ejemplo de Dios el Padre, con la meta de que cada hijo sea creyente y glorifique a Dios con toda su vida *(Deut. 6:5-13, Prov. 13:24, 22:15, 23:13-14, Efe. 6:4, Col. 3:21, II Tim. 3:14-17, Heb. 12:5-13).*

✎ Deuteronomio 6:5-13 - *"Y estas palabras que yo te mando hoy, estarán sobre tu corazón; y las <u>repetirás</u> a tus hijos,"*

✎ Proverbios 13:24 - *"El que detiene el castigo, a su hijo <u>aborrece</u>; Mas el que lo <u>ama</u>, desde temprano lo corrige."*

✎ Efesios 6:4 - *"Y vosotros, padres ... criadlos en <u>disciplina</u> y <u>amonestación</u> del Señor."*

3. La Biblia enseña que el niño debe <u>honrar</u> y <u>obedecer</u> a sus padres en el temor de Dios *(Exo. 20:12, Prov. 6:20-23, 20:20, Mat. 15:4, Efe. 6:1-3, Col. 3:20, I Tim. 5:4-8).*

✎ Proverbios 6:20-23 - *"**Guarda, hijo mío, el mandamiento de tu padre, Y no dejes la <u>enseñanza</u> de tu madre;**"*

✎ Mateo 15:4 - *"**Honra a tu padre y a tu madre; y: El que <u>maldiga</u> al padre o a la madre, muera irremisiblemente.**"*

EL GOBIERNO
Romanos 13:1-7, I Timoteo 2:1-6

1. La Biblia enseña que gobierno está establecido
    por Dios para la protección de los buenos y castigo
    de los malos y por lo cual debemos obedecer,
    honrar y pagar sus tributos *(Mat. 22:17-21, Rom.
    13:1-7, Tito 3:1-3, I Ped. 2:13-17).*
    ✎ Mateo 22:17-21 - *"Dad, pues, a César, y a
    Dios lo que es de Dios."*
    ✎ Romanos 13:1-7 - *"Sométase toda persona a
    las autoridades superiores; porque no hay
    autoridad sino de parte de Dios,"*
    ✎ I Pedro 2:13-17 - *"Por causa del Señor
    someteos a toda institución humana, ya sea
    al rey, como a superior, ya a los
    gobernadores, como por él enviados para
    castigo de los malhechores y alabanza de los
    que hacen bien. Porque esta es la voluntad
    de Dios:"*

2. La Biblia enseña que debemos orar por el gobierno
    para que vivamos en tranquilidad y para que ellos
    experimenten la salvación de Dios *(Esd. 6:1-10, I
    Tim. 2:1-6).*
    ✎ Esdras 6:1-10 - *"para que ofrezcan
    sacrificios agradables al Dios del cielo, y
    oren por la vida del rey y por sus hijos."*

117

✎ I Timoteo 2:1-6 *"Exhorto ante todo, a que se hagan <u>rogativas</u>, <u>oraciones</u>, <u>peticiones</u> y acciones de <u>gracias</u>, por todos los hombres; por los reyes y por todos los que están en eminencia,"*

3. La Biblia enseña que el gobierno no tiene <u>autoridad</u> por encima de la doctrina ni práctica espiritual de la Iglesia pero si hay castigo del gobierno por obediencia a Dios, los creyentes tienen que aceptarlo con humildad *(Hech. 5:17-42, I Ped. 4:12-19).*

✎ Hechos 5:17-42 - *"Es necesario <u>obedecer</u> a Dios antes que a los hombres."*

✎ I Pedro 4:12-19 - *"ninguno de <u>vosotros</u> padezca como homicida, o ladrón, o malhechor, o por entremeterse en lo ajeno;"*

EL FUTURO
Mateo 5:18, I Tesalonicenses 4:13-18

1. La Biblia enseña que cada profecía de la Escritura será <u>cumplida</u> literalmente en el tiempo perfecto de Dios *(Mat. 5:18, 24:35).*

   ✎ Mateo 5:18 - *"hasta que todo se haya* <u>*cumplido.*</u>*"*

   ✎ Mateo 24:35 - *"El cielo y la tierra pasarán, pero mis palabras no* <u>*pasarán.*</u>*"*

2. La Biblia enseña que un entendimiento correcto y esperanza verdadera en las profecías bíblicas producen un deseo para una vida <u>pura</u> *(II Cor. 5:8-11, II Ped. 3:10-13, I Juan 3:1-3).*

   ✎ II Corintios 5:8-11 - *"Por tanto procuramos también, o ausentes o presentes, serle* <u>*agradables*</u> *... para que cada uno reciba según lo que haya hecho mientras estaba en el cuerpo, sea bueno o sea malo. Conociendo, pues, el temor del Señor,* <u>*persuadimos*</u> *a los hombres;"*

   ✎ II Pedro 3:10-13 - *"Puesto que todas estas cosas han de ser deshechas, ¡cómo no debéis vosotros andar en* <u>*santa y piadosa*</u> *manera de vivir,"*

   ✎ I Juan 3:1-3 - *"sabemos que cuando él se manifieste, seremos semejantes a él, porque le veremos tal como él es. Y todo aquel que tiene esta esperanza en él, se purifica a sí mismo, así como él es puro."*

3. La Biblia enseña en la inminente, pre-tribunal, pre-milenial <u>venida</u> personal de Jesucristo para el arrebatamiento de la Iglesia en lo cual los creyentes muertos y vivos serán levantados en sus cuerpos físicos a las nubes con el Señor *(I Tes. 1:10, 4:13-18, 5:9, Tito 2:13-14, II Ped. 3:10-13, I Juan 3:1-3, Apo. 3:10).*

✎ I Tesalonicenses 4:13-18 - *"Porque el Señor mismo con voz de mando, con voz de arcángel, y con trompeta de Dios, descenderá del cielo; y los muertos en Cristo <u>resucitarán</u> primero. Luego nosotros los que vivimos, los que hayamos quedado, seremos <u>arrebatados</u> juntamente con ellos en las nubes para recibir al Señor en el aire, y así estaremos siempre con el Señor."*

✎ Apocalipsis 3:10 - *"Por cuanto has guardado la palabra de mi paciencia, yo también te <u>guardaré</u> de la hora de la prueba que ha de venir sobre el mundo entero,"*

4. La Biblia enseña que después del arrebatamiento de la Iglesia, cada creyente pasará frente al Tribunal de Cristo para recibir <u>recompensa</u> por su vida cristiana después de su salvación, y luego disfrutará la Cena de la Boda del Cordero *(I Cor. 3:11-15, II Cor. 5:8-11, Apo. 19:7-10).*

✎ I Corintios 3:11-15 - *"la obra de cada uno se hará <u>manifiesta</u>; porque el día la declarará, pues por el fuego será revelada; y la obra de cada uno cuál sea, el fuego la probará. Si permaneciere la obra de alguno que sobreedificó, recibirá <u>recompensa</u>. Si la obra de alguno se quemare, él sufrirá pérdida, si bien él mismo será salvo, aunque así como por fuego."*

✎ II Corintios 5:8-11 - *"Porque es necesario que todos nosotros <u>comparezcamos</u> ante el tribunal de Cristo, para que cada uno reciba según lo que haya hecho mientras estaba en el cuerpo, sea bueno o sea malo."*

✎ Apocalipsis 19:7-10 - *"Bienaventurados los que son <u>llamados</u> a la cena de las bodas del Cordero."*

5. La Biblia enseña que en el mundo, después del arrebatamiento de la Iglesia, la <u>Gran</u> <u>Tribulación</u> empezará y continuará por siete años, en lo cual Satanás tendrá más libertad de trabajar contra Dios y que todos los hombres van a sufrir la ira de Dios por su pecado. También Dios vendrá a ofrecer salvación a Israel por segunda vez en Jesucristo como el Mesías *(Dan. 9:24-27, 12:1, Mat. 24:3-31, Rom. 11:2-27, II Tes. 2:2-17, Apo. 5:1-19:20).*

✎ Mateo 24:3-31 - *"porque habrá entonces gran <u>tribulación</u>, cual no la ha habido desde el principio del mundo hasta ahora, ni la habrá."*

✎ Romanos 11:2-27 - *"y luego todo Israel será <u>salvo</u>, como está escrito: Vendrá de Sion el Libertador, Que apartará de Jacob la impiedad. Y este será mi pacto con ellos, Cuando yo <u>quite</u> sus pecados."*

6. La Biblia enseña que después de los siete años de la Gran Tribulación, Jesucristo <u>volverá</u> al mundo para destruir al ejército del Anti-Cristo y capturar a Satanás y sus demonios, y ponerlos en el abismo por mil años tiempo en el cual Jesucristo va a establecer Su reino físicamente en la tierra *(Isa. 9:6-7, Zac. 14:9-11, Apo. 19:11-20:6).*

✎ Apocalipsis 19:11-20:6 - *"Entonces vi el cielo abierto; y he aquí un caballo blanco, y el que lo montaba se llamaba Fiel y Verdadero, y con justicia juzga y pelea ... REY DE REYES Y SEÑOR DE SEÑORES.*

Y la bestia fue apresada, y con ella el falso profeta ... Estos dos fueron lanzados vivos dentro de un lago de fuego que arde con azufre ... Y prendió al dragón, la serpiente antigua, que es el diablo y Satanás, y lo ató por mil años;"

7. La Biblia enseña que después de mil años Satanás será soltado por un corto tiempo cuando vendrá para engañar a muchos de los hombres que se rebelarán contra Dios una vez más, pero Dios ganará la victoria y juzgará a todos los incrédulos en el Trono Blanco que serán lanzados al Lago de Fuego por toda la eternidad *(Dan. 12:2, Mar. 9:43-48, Apo. 20:7-15).*

    ✎ Marcos 9:43-48 - *"mejor te es entrar en el reino de Dios con un ojo, que teniendo dos ojos ser echado en el infierno, al fuego que no puede ser apagado, donde el gusano de ellos no muere, y el fuego nunca se apaga."*

    ✎ Apocalipsis 20:7-15 - *"Cuando los mil años se cumplan, Satanás será suelto de su prisión, y saldrá a engañar a las naciones que están en los cuatro ángulos de la tierra ... Y subieron sobre la anchura de la tierra, y rodearon el campamento de los santos y la ciudad amada; y de Dios descendió fuego del cielo, y los consumió. Y el diablo que los engañaba fue lanzado en el lago de fuego y azufre,"*

8. La Biblia enseña que por último, Dios <u>creará</u> un nuevo cielo y tierra en lo cual Sus seguidores vivirán para siempre con Él *(Isa. 51:16, II Ped. 3:13, Apo. 21:1-8)*.

    ✎ II Pedro 3:13 - *"Pero nosotros esperamos, según sus promesas, cielos <u>nuevos</u> y tierra <u>nueva</u>, en los cuales mora la justicia."*

    ✎ Apocalipsis 21:1-8 - *"Vi un cielo <u>nuevo</u> y una tierra <u>nueva</u>; porque el primer cielo y la primera tierra pasaron,"*

Los Otros Estudios Bíblicos y Libros
disponible por
Los Ministerios de Andando en la PALABRA
www.walkinginthewordministries.net

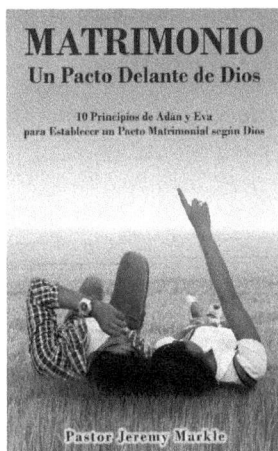

Matrimonio:
Un Pacto Delante de Dios

Diez estudios y materiales extras
para ayudar a una pareja
tener un matrimonio bíblico.

La Crianza con Propósito

Seis estudios
sobre la crianza bíblica.
Los primeros tres estudios se enfoquen en
la necesidad de los padres
de honrar a Dios con su niño.
Los últimos tres estudios se enfoquen en
cómo los padres tienen que representar
Dios Padre a su niño.

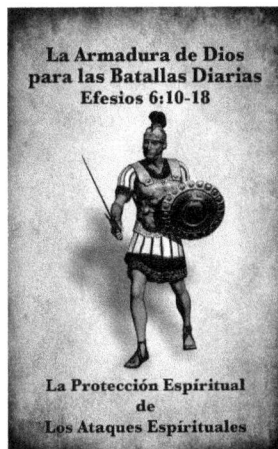

La Armadura de Dios
para las Batallas Diarias

Un estudio diario
para ayudar a los creyentes
a aprender y aplicar
los recursos espirituales
que Dios el Padre les da
para vivir la vida victoriosa.

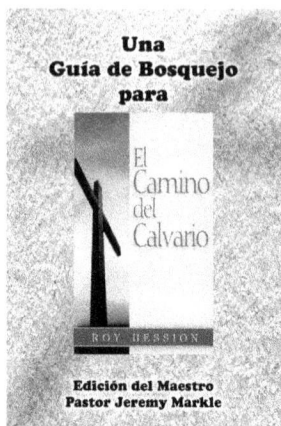

Una Guía de Bosquejo para El Camino del Calvario de Roy Hession

Esta guía en forma de bosquejo
fue escrita para mejorar
su capacidad de comprender, recordar,
y aplicar las verdades espirituales
importantes compartidas en
El Camino del Calvario.

La Búsqueda para la Mano de Dios en Mi Vida

Un estudio de seis temas importantes
para que un creyente pueda ver
el cuidado y la dirección de Dios
en su vida.

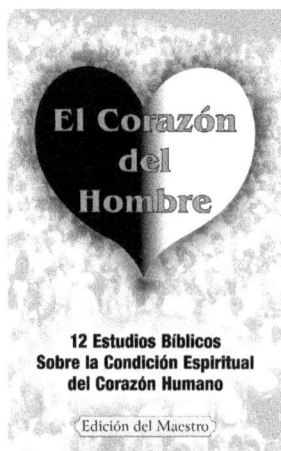

El Corazón del Hombre

Un análisis Bíblico
tocante a la salvación,
los primeros pasos de la obediencia,
y la vida nueva.

***¿Qué dice la Biblia sobre:
La Salvación?,
El Bautismo?,
La Membresía de la Iglesia?***

*Tres estudios sencillos
para investigar y repasar
la salvación
y los primeros pasos de obediencia
en la vida del creyente.*

***¿Quiénes Son Los Bautistas?
Según Sus Distintivos***

*Un estudio bíblico
de las ocho creencias básicas
de los Bautistas.*

***¿La Voluntad de Dios
es un Rompecabezas para Ti?***

*Un estudio y formulario bíblico
para encontrar la voluntad de Dios
para su vida.*

Los Componentes Básicos para una Vida Cristiana Estable

*Cinco estudios explicando
la importancia de y como organizarse
en la oración,
el estudio bíblico,
las verdades bíblicas,
los versículos de memoria,
y la predicación.*